CHINESE CRASH COURSE
速成中文

(第二册)
(Volume 2)

于 淼 编著
(By Yu Miao)

北京语言大学出版社
BEIJING LANGUAGE AND CULTURE
UNIVERSITY PRESS

(京)新登字 157 号

图书在版编目(CIP)数据

速成中文/于淼编著.—北京：北京语言大学出版社，2007.6
ISBN 978-7-5619-1808-1

Ⅰ.速… Ⅱ.于… Ⅲ.汉语-对外汉语教学-教材 Ⅳ.H195.4

中国版本图书馆 CIP 数据核字(2007)第 030869 号

书　　名：速成中文·2
中文编辑：周鹂
英文编辑：武思敏
责任印制：汪学发
出版发行：北京语言大学出版社
社　　址：北京市海淀区学院路 15 号　邮政编码：100083
网　　址：www.blcup.com
电　　话：发行部　82303650/3591/3651
编辑部　82303647
读者服务部　82303653/3908
印　　刷：北京新丰印刷厂
经　　销：全国新华书店

版　　次：2007 年 8 月第 1 版　2007 年 8 月第 1 次印刷
开　　本：889 毫米×1194 毫米　1/32　印张：7.375
字　　数：196 千字　　印数：1-5000
书　　号：ISBN 978-7-5619-1808-1/H·07026

目　录

Contents

Dì Yī Kè Wǒ Xǐhuan Běijīng de Qiūtiān

第 1 课 我喜欢北京的秋天

Lesson One I like the autumn in Beijing

Sentence Patterns

Gāngcái shì qíngtiān, xiànzài biàn yīn le.

1. 刚才是晴天，现在变阴了。

It was sunny just now. Now it's overcast.

Kěnéng yào xià yǔ le.

2. 可能要下雨了。

It may be going to rain.

Míngtiān shì hǎo tiānqì.

3. 明天是好天气。

Tomorrow will be a fine day.

Tiānqì yùbào shuō jīntiān yǒu yǔ.

4. 天气预报说今天有雨。

The weather forecast said it would rain today.

Xiàtiān rè sǐ le.

5. 夏天热死了。

The weather in summer is pretty hot.

Tiānqì qínglǎng, bù lěng bú rè.

6. 天气晴朗，不冷不热。

It is a clear day, neither cold nor hot.

Hā'ěrbīn dōngtiān yǒu líng xià èr-sānshí dù.
7. 哈尔滨冬天有零下二三十度。

It is twenty to thirty degrees centigrade below zero in the winter of Harbin.

Nǐ néng gǎnshòu dào sìjì de biànhuà.
8. 你能感受到四季的变化。

You can feel the changes of four seasons.

Dialogues

Gāngcái hái shì qíngtiān, xiànzài jiù biàn yīn le.
A：刚才还是晴天，现在就变阴了。

It was sunny just now, while it turns to be cloudy now.

Hái guā fēng le, kěnéng yào xià yǔ le.
B：还刮风了，可能要下雨了。

Wind is blowing and probably it's going to rain.

Míngtiān qiānwàn bú yào xià yǔ, míngtiān wǒmen yào qù jiāoyóu.
A：明天千万不要下雨，明天我们要去郊游。

I pray by any means it won't rain tomorrow. We will go for an outing tomorrow.

Fàngxīn, míngtiān shì hǎo tiānqì.
B：放心，明天是好天气。

Don't worry. Tomorrow will be a fine day.

Nǐ zěnme zhīdao?
A：你怎么知道？

How do you know?

Tiānqì yùbào shuō de.
B：天气预报说的。

The weather forecast says so.

Wǒ shòu bu liǎo Běijīng de xiàtiān, rè sǐ le.
A：我受不了北京的夏天，热死了。

I can't stand the weather of summer in Beijing. It's too hot.

Zhōngguó hěn duō chéngshì de xiàjì dōu yǒu gāowēn tiānqì.

B: 中国很多城市的夏季都有高温天气。

Many Chinese cities have suffered high-temperature weather in summertime.

Wǒ xǐhuan Běijīng de qiūtiān, tiānqì qínglǎng, yě bù gānzào, bù lěng bú rè.

A: 我喜欢北京的秋天，天气晴朗，也不干燥，不冷不热。

I like the autumn in Beijing. The weather is fine and not dry. It is neither cold nor hot.

Zhōngguó de nánfāng hé běifāng、dōngbù hé xībù de
B：中国的南方和北方、东部和西部的
qìhòu chābié shì fēicháng dà de.
气候差别是非常大的。

In China, there are big differences in terms of climate between the south and north, east and west.

Tīngshuō Hā'ěrbīn de dōngtiān yǒu líng xià èr-sānshí dù,
A：听说哈尔滨的冬天有零下二三十度，
kěshì Guǎngzhōu de dōngtiān qìwēn hái hěn gāo.
可是广州的冬天气温还很高。

It's said the temperature in winter in Harbin is minus twenty to thirty degrees centigrade, but the temperature in Guangzhou is still very high at that time.

Zhème dà de guójiā, zài tóng yí ge jìjié, bù tóng
B：这么大的国家，在同一个季节，不同
de dìfang dāngrán yǒu bù tóng de qìhòu tèdiǎn.
的地方当然有不同的气候特点。

China is such a big country that there are certainly different climate characteristics in different areas in the same season.

Yě kěyǐ shuō, tóng yí ge dìfang zài bù tóng de
A：也可以说，同一个地方在不同的
jìjié yě yǒu bù tóng de qìhòu tèdiǎn.
季节也有不同的气候特点。

So to speak, the same area has different climate characteristics in different seasons.

Zhèyàng nǐ cái néng gǎnshòu dào sìjì de biànhuà.
B：这样你才能感受到四季的变化。

Then you can feel the change of four seasons.

Hǎo, xiàtiān kuài guòqu le, wǒ xǐhuan de qiūtiān yào lái le.
A：好，夏天快过去了，我喜欢的秋天要来了。

Well, summer is going to pass. The autumn that I like will come.

New Words

1. 刚才	gāngcái	（名）	a moment ago
2. 晴天	qíngtiān	（名）	sunny day
晴	qíng	（形）	sunny
3. 变	biàn	（动）	change
4. 阴	yīn	（形）	cloudy
5. 刮	guā	（动）	blow
6. 风	fēng	（名）	wind
7. 雨	yǔ	（名）	rain
8. 千万	qiānwàn	（副）	be sure to
9. 郊游	jiāoyóu	（动）	go for an outing

10. 放心	fàng//xīn	（动）	feel relieved
11. 天气	tiānqì	（名）	weather
12. 预报	yùbào	（动）	forecast
13. 受不了	shòu bu liǎo		cannot stand
受	shòu	（动）	endure
14. 热	rè	（形）	hot
15. 死	sǐ	（动、形）	die; extreme
16. 城市	chéngshì	（名）	city
17. 夏季	xiàjì	（名）	summertime
18. 高温	gāowēn	（名）	high-temperature
19. 秋天	qiūtiān	（名）	autumn
20. 晴朗	qínglǎng	（形）	sunny
21. 干燥	gānzào	（形）	dry
22. 冷	lěng	（形）	cold
23. 南方	nánfāng	（名）	south
24. 北方	běifāng	（名）	north
25. 东部	dōngbù	（名）	east
26. 西部	xībù	（名）	west
27. 气候	qìhòu	（名）	climate
28. 差别	chābié	（名）	difference
29. 零下	líng xià		below zero
30. 度	dù	（名）	degree
31. 气温	qìwēn	（名）	air temperature

32. 高	gāo	(形)	high
33. 这么	zhème	(代)	so, such
34. 同一个	tóng yí ge		the same one
35. 不同	bù tóng		different
36. 季节	jìjié	(名)	season
37. 特点	tèdiǎn	(名)	characteristic
38. 感受	gǎnshòu	(名、动)	feeling; feel
39. 四季	sìjì	(名)	four seasons
40. 变化	biànhuà	(动)	change

Proper Nouns

1. 哈尔滨	Hā'ěrbīn	Harbin
2. 广州	Guǎngzhōu	Guangzhou

Annotations

1. 千万 *qiānwàn*

It is used in exhortation with a strong tone. For example:

你明天千万要来!

Do come tomorrow, please!

千万不要去!

Never go there!

2. 受不了 *shòu bu liǎo*

"Shòu bu liǎo" indicates not in support or cannot endure. For example:

我受不了他,他性格不好。

I can't endure him. His temperament is too bad.

工作太多,我受不了。

The work is so much that I can't endure.

"Bù liǎo" acts as a complement of result. For example:

我吃不了那么多东西。

I can't eat so many things.

他喝不了白酒。

He can't drink Chinese liquor.

3. 热死了 *rè sǐ le*

"Sǐ" is often used in oral Chinese to indicate a high degree of sth.. It is often used as a complement of degree. For example:

我快要饿死了!

I am hungry to death!

忙死了	贵死了	吵死了	烦死了
busy to death	expensive to death	noisy to death	boring to death

4. 这么 zhème

The demonstrative pronoun "zhème" indicates the amount or degree expressed before an adjective. For example:

这么小的电脑，我第一次看到。

This is the first time that I have seen such a mini computer.

你每天都这么忙？

Are you so busy every day?

这么漂亮的女孩你不喜欢吗？

Don't you like such a beautiful girl?

5. 这样 zhèyàng

Demonstrative pronoun "zhèyàng" has the same meaning of "zhèmeyàng". It indicates that the above-mentioned condition leads to the following result. For example:

这样才知道四季的变化。

Then you can know the change of the four seasons.

这样，你就看得明白了。

Thus, you can understand well.

这样就对了。

In this way, it is right.

Exercises

一 完成句子 Complete the following sentences.

1. 天气预报说(　　　　　　　　)。
2. 今天天气(　　　　　　　　)。
3. 那里的春天(　　　　　　　　)。

二 选择 Choose the correct answers.

1. (　　)还在下雨,现在已经晴了。

   A 刚才　　B 春天　　C 阴天　　D 明天

2. 这个国家的四季没有(　　),没有意思。

   A 变　　B 变化　　C 晴天　　D 阴天

3. 中国南方和北方的气候(　　)很大。

   A 高温　　B 特点　　C 差别　　D 不同

三 写出反义词 Write out the antonyms.

担心——　　晴——　　冷——　　零上——

四 选词填空 Fill in the following blanks with the proper words.

不同　　感受　　受不了　　千万

1. 这两个词是(　　)的。
2. 我(　　)不到她对我的爱。
3. 你(　　)不要告诉她!
4. 我真(　　)这么热的天气!

Supplementary Words

1. 多云	duōyún	（名）	cloudy
2. 阵雨	zhènyǔ	（名）	shower
3. 打雷	dǎ//léi	（动）	thunder
4. 暖和	nuǎnhuo	（形）	warm
5. 寒冷	hánlěng	（形）	chilly
6. 炎热	yánrè	（形）	hot
7. 避暑	bì//shǔ	（动）	avoid summer heat

Related Sentences

1. 我想去北方避暑。

   Wǒ xiǎng qù běifāng bìshǔ.

   I want to go to the north to prevent sunstroke.

2. 我对这里的气候不适应。

   Wǒ duì zhèli de qìhòu bú shìyìng.

   I am not used to the climate here.

3. 中国的昆明冬暖夏凉，四季如春。

   Zhōngguó de Kūnmíng dōng nuǎn xià liáng, sìjì rú chūn.

   It is warm in winter and cool in summer in China's Kunming. It is like spring all the year round.

4. 现在是雨季，最近没有好天气。

Xiànzài shì yǔjì, zuìjìn méiyǒu hǎo tiānqì.

It is the rainy season now. The weather has been terrible recently.

5. 天气好，心情也好。

Tiānqì hǎo, xīnqíng yě hǎo.

People would be in good mood when the weather is fine.

6. 北方的冬天是冰雪的世界。

Běifāng de dōngtiān shì bīngxuě de shìjiè.

It is a world of ice and snow in the winter of the north.

Dì Èr Kè Dèng Lìjūn de Gēshēng

第 2 课 邓丽君的歌声

Lesson Two Deng Lijun's songs

Sentence Patterns

Zuótiān de yǎnchànghuì zěnmeyàng?

1. 昨天的演唱会怎么样?

How do you like the vocal concert yesterday?

Tāmen chàng de hǎo jí le!

2. 他们唱得好极了!

They sang really well!

Nàge yuèduì zài Zhōngguó hěn shòu niánqīngrén huānyíng.

3. 那个乐队在中国很受年轻人欢迎。

That band is popular among the youngsters in China.

Tā de gēshēng fēicháng měi.

4. 她的歌声非常美。

Her voice is so beautiful.

Yǒu Zhōngguórén de dìfang jiù yǒu Dèng Lìjūn de gēshēng.

5. 有中国人的地方就有邓丽君的歌声。

Where there are Chinese people, there will be the songs of Deng Lijun.

Zhōngguó de jīngjù zhēn shì yǒu mèilì!
6. 中国的京剧真是有魅力!

Beijing opera of China is really of great charm!

Suīrán wǒmen de yǔyán bù yíyàng, dànshì měihǎo de yìshù shì yíyàng de.
7. 虽然我们的语言不一样,但是美好的艺术是一样的。

Although our languages are different, the nice arts are the same to everyone.

Nǐ shuō de hěn duì.
8. 你说得很对。

What you said is all right.

Dialogues

Zuótiān de yǎnchànghuì zěnmeyàng?
A: 昨天的演唱会怎么样?

How was the vocal concert yesterday?

Tāmen chàng de hǎo jí le!
B: 他们唱得好极了!

They sang very well!

Zài yǒu jīhui wǒ yídìng qù, wǒ yě xǐhuan liúxíng yīnyuè.

A: 再有机会我一定去，我也喜欢流行音乐。

I would go there for sure if I had a chance next time. I like pop music, too.

Nàge yuèduì de gēshǒu hěn yǒumíng, zài Zhōngguó hěn shòu niánqīngrén huānyíng.

B: 那个乐队的歌手很有名，在中国很受年轻人欢迎。

The singer of that band is very famous. He is very popular among the youngsters in China.

Shì yáogǔn yuèduì ma?

A: 是摇滚乐队吗？

Is it a band of rock-and-roll?

Duì, tāmen yǒu zìjǐ de fēnggé. Wǒ yě yào xué jǐ
B：对，他们有自己的风格。我也要学几
shǒu Zhōngwén gēqǔ.
首中文歌曲。

Yes. They had their own style. I also want to learn to sing several Chinese songs.

Wǒ de Zhōngguó péngyou jiāo wǒ chàngguo yì shǒu gē, jiào
A：我的中国朋友教我唱过一首歌，叫
《Tiánmìmì》, "tiánmìmì, nǐ xiào de tiánmìmì".
《甜蜜蜜》，"甜蜜蜜，你笑得甜蜜蜜"。

My Chinese friend taught me a song named "Sweet", "Sweet, you smiled sweetly".

Nǐ chàng de hěn hǎo, zhè shì Dèng Lìjūn de gēqǔ.
B：你唱得很好，这是邓丽君的歌曲。

You sang it very well. This is Deng Lijun's song.

Hái yǒu yì shǒu jiào 《Yuèliang Dàibiǎo Wǒ de Xīn》.
A：还有一首叫《月亮代表我的心》。

Another one is called "The Moon Represents My Heart".

Duì, wǒ juéde tā de gēshēng fēicháng měi, hěn yǒu
B：对，我觉得她的歌声非常美，很有
mèilì.
魅力。

Yes. I am feeling that her singing is very beautiful and very charming.

Suīrán Dèng Lìjūn bú zài le, dànshì Zhōngguórén dōu
A：虽然邓丽君不在了，但是中国人都

jìde tā de gēqǔ.
记得她的歌曲。

Although Deng passed away, the Chinese people still remember her songs.

Zhōngguórén cháng shuō: shìjièshang yǒu Zhōngguórén de dì-
B: 中国人常说：世界上有中国人的地
fang, jiù yǒu Dèng Lìjūn de gēshēng.
方，就有邓丽君的歌声。

Chinese people often say that you can hear Deng Lijun's songs wherever there are Chinese people.

Zhōngguó de jīngjù zhēn shì yǒu mèilì!
A: 中国的京剧真是有魅力！

Beijing opera of China is really of great charm!

Rúguǒ nǐ bù liǎojiě Zhōngguó de chuántǒng wénhuà hé
B: 如果你不了解中国的传统文化和
yìshù, jiù bù néng lǐjiě jīngjù.
艺术，就不能理解京剧。

If you don't know traditional Chinese culture and art, you can't understand Beijing opera.

Yǎnyuán biǎoyǎn de fēicháng jīngcǎi, kěshì wǒ duì jīng-
A: 演员表演得非常精彩，可是我对京
jù li de gùshi bù liǎojiě.
剧里的故事不了解。

The actors perform excellently, but I don't comprehend the stories in Beijing opera.

Jīngjù de gùshi hěn duō dōu shì Zhōngguó de lìshǐ.
B：京剧的故事很多都是中国的历史。

Many stories in Beijing opera come from the history of China.

Yǐhòu wǒ yào duō xuéxí Zhōngguó de wénhuà hé lìshǐ.
A：以后我要多学习中国的文化和历史。

I will learn more Chinese culture and history in the future.

Suīrán wǒmen de yǔyán bù yíyàng, dànshì měihǎo de yìshù dōu shì yíyàng de.
B：虽然我们的语言不一样，但是美好的艺术都是一样的。

Although our languages are different, our nice arts are the same to everyone.

Nǐ shuō de hěn duì.
A: 你 说 得 很 对。
What you said is all right.

New Words

1. 演唱会	yǎnchànghuì	(名)	vocal concert
演唱	yǎnchàng	(动)	sing
2. 唱	chàng	(动)	sing
3. 得	de	(助)	*particle*
4. 流行	liúxíng	(动)	be popular, prevail
5. 乐队	yuèduì	(名)	band
6. 歌手	gēshǒu	(名)	singer
7. 有名	yǒumíng	(形)	famous
8. 年轻人	niánqīngrén	(名)	youngster
年轻	niánqīng	(形)	young
9. 摇滚	yáogǔn	(名)	rock-and-roll
10. 风格	fēnggé	(名)	style
11. 首	shǒu	(量)	*measure word*
12. 歌曲	gēqǔ	(名)	song
歌	gē	(名)	song
13. 教	jiāo	(动)	teach

14. 甜蜜	tiánmì	（形）	sweet
15. 笑	xiào	（动）	smile
16. 歌声	gēshēng	（名）	singing
17. 美	měi	（形）	beautiful
18. 魅力	mèilì	（名）	charm
19. 虽然	suīrán	（连）	although
20. 记得	jìde	（动）	remember
21. 常/常常	cháng/chángcháng	（副）	often
22. 世界	shìjiè	（名）	world
23. 京剧	jīngjù	（名）	Beijing opera
24. 如果	rúguǒ	（连）	if
25. 了解	liǎojiě	（动）	know
26. 传统	chuántǒng	（名、形）	tradition; traditional
27. 文化	wénhuà	（名）	culture
28. 艺术	yìshù	（名）	art
29. 理解	lǐjiě	（动）	understand
30. 表演	biǎoyǎn	（动、名）	act; performance
31. 精彩	jīngcǎi	（形）	excellent
32. 故事	gùshi	（名）	story
33. 历史	lìshǐ	（名）	history
34. 语言	yǔyán	（名）	language
35. 一样	yíyàng	（形）	same
36. 美好	měihǎo	（形）	nice

Proper Nouns

1. 邓丽君	Dèng Lìjūn	Deng Lijun
2.《甜蜜蜜》	《Tiánmìmì》	"Sweet"
3.《月亮代表我的心》	《Yuèliang Dàibiǎo Wǒ de Xīn》	"The Moon Represents My Heart"

Annotations

1. 唱得好极了 *chàng de hǎo jí le*

The particle "de" was put after the verb or the adjective, and followed by the complement of degree or result. For example:

她说汉语说得很好。

She speaks Chinese very well.

他表演得好极了！

He acts excellently.

他跑得真快！

He runs really fast.

我很努力，但是汉语进步得很慢。

Although I study very hard, I made little progress in my Chinese.

2. 虽然……但是…… suīrán…… dànshì……

It forms the compound sentences of transition. For example:

虽然哈尔滨的冬天很冷,但是我喜欢那里。

Although it is very cold in the winter of Harbin, I like there.

虽然她不喜欢我,但是我还是爱她。

Although she doesn't like me, I still love her.

3. 如果……就…… rúguǒ…… jiù……

It forms hypothetical compound sentences. For example:

如果你不去,我就不去。

If you don't go there, I will not.

如果他不在家,他就在图书馆。

If he isn't at home, he must be in the library.

Exercises

一 完成句子 Complete the following sentences.

1. 我最喜欢的乐队是(　　　　),他们很受(　　　　)欢迎。
2. 我觉得她的歌声(　　　　)。
3. 虽然我看不懂京剧,但是(　　　　　　　　　　)。

二 选择填空 Choose the correct answers.

1. 她唱(　　)真好！

A 得　　B 的　　C 地　　D 了

2. 我(　　)她不了解，只是知道她的名字。

A 跟　　B 向　　C 对　　D 和

3. 这个菜很(　　)大家欢迎。

A 有　　B 要　　C 想　　D 受

三 选词填空 Fill in the following blanks with the proper words.

流行　　理解　　魅力　　摇滚　　精彩

1. 这个电影真(　　　)！
2. 我喜欢(　　　)风格的音乐。
3. 她不漂亮，但是很有(　　　)。
4. 我不知道现在(　　　)什么歌曲。
5. 我们常常不(　　　)爸爸妈妈的想法。

Supplementary Words

1. 音乐会	yīnyuèhuì	(名)	concert
2. 古典音乐	gǔdiǎn yīnyuè		classical music
3. 现代音乐	xiàndài yīnyuè		modern music
4. 戏曲	xìqǔ	(名)	traditional opera
5. 歌星	gēxīng	(名)	singing star

6. 个性	gèxìng	（名）	personality
7. 内容	nèiróng	（名）	content
8. 情节	qíngjié	（名）	plot
9. 歌词	gēcí	（名）	lyrics
10. 作曲	zuò qǔ		compose

Related Sentences

1. 中国香港和台湾的流行音乐很发达。

   Zhōngguó Xiānggǎng hé Táiwān de liúxíng yīnyuè hěn fādá.

   Pop music is very developed in China's Hong Kong and Taiwan.

2. 这首歌是谁作的曲？

   Zhè shǒu gē shì shuí zuò de qǔ?

   Who has composed this song?

3. 梅兰芳是中国最有名的京剧表演大师。

   Méi Lánfāng shì Zhōngguó zuì yǒumíng de jīngjù biǎoyǎn dàshī.

   Mei Lanfang is the most famous performing master of Beijing opera in China.

4. 京剧的脸谱艺术很吸引人。

   Jīngjù de liǎnpǔ yìshù hěn xīyǐn rén.

   People are all attracted by the types of facial makeup in Beijing opera.

5. 中国的戏曲形式非常丰富。

   Zhōngguó de xìqǔ xíngshì fēicháng fēngfù.

   The forms of traditional Chinese operas are much diversified.

Dì Sā Kè Xià Zhōu Qù Dùjià

第3课 下周去度假

Lesson Three Going on vacation next week

Sentence Patterns

Zuìjìn gōngzuò hěn jǐnzhāng, yālì hěn dà.

1. 最近工作很紧张，压力很大。

   The work has been more stressful and gives me great pressure recently.

Wǒ jìhuà xià zhōu qù hǎibīn dùjià.

2. 我计划下周去海滨度假。

   I plan to go to the seashore for a holiday next week.

Hǎo zhǔyi!

3. 好主意！

   Good idea!

Chuīzhe hǎi fēng, kànzhe měilì de fēngguāng, yídìng hěn xiǎngshòu.

4. 吹着海风，看着美丽的风光，一定很享受。

   It must be enjoyable to feel the sea breeze and watch the charming sea view.

Zhōngguó de míngshèng gǔjì tài duō le.
5. 中国的名胜古迹太多了。

There are so many scenic spots and historical sites in China.

Xuǎnzé yì tiáo lǚyóu lùxiàn tài nán le.
6. 选择一条旅游路线太难了。

It is too difficult to choose an itinerary.

Xiàng lǚxíngshè zīxún yíxià, huòzhě shàngwǎng cháxún.
7. 向旅行社咨询一下，或者上网查询。

You can either consult a travel agency or check on the internet.

Lǚxíngshè huì wèi nǐ ānpái hǎo yíqiè de.
8. 旅行社会为你安排好一切的。

Travel agency will arrange everything for you.

Wènwen zài shuō.
9. 问问再说。

I won't make any decision before consulting the agency.

Dialogues

Zuìjìn gōngzuò tài jǐnzhāng le, yālì hěn dà.
A：最近工作太紧张了，压力很大。

The work has been more stressful and gives me great pressure recently.

Nà qù dùjià ba, qīngsōng yíxià.
B：那去度假吧，轻松一下。
Then let's go on vacation to wind down.

Wǒ jìhuà xià zhōu jiù qù hǎibīn dùjià.
A：我计划下周就去海滨度假。
I plan to go to the seashore for a holiday next week.

Nǐ qù Zhōngguó de Hǎinándǎo ba.
B：你去中国的海南岛吧。
You may go to Hainan Island in China.

Hǎo zhǔyi! Chuīzhe hǎi fēng, kànzhe měilì de hǎibīn fēngguāng, yídìng hěn xiǎngshòu.
A：好主意！吹着海风，看着美丽的海滨风光，一定很享受。
Good idea! It must be enjoyable to feel the sea breeze and

watch the beautiful coastal scene.

Zhēn xiǎng gēn nǐ yìqǐ qù, kěxī wǒ méiyǒu jiàqī.
B：真想跟你一起去，可惜我没有假期。
I really want to go with you. It's so pity that I don't have holidays.

Nǐ kànzhe dìtú zài xiǎng shénme ne?
A：你看着地图在想什么呢？
What are you thinking about while watching the map?

Zhōngguó de míngshèng gǔjì tài duō le, xuǎnzé yì tiáo lǚyóu lùxiàn tài nán le.
B：中国的名胜古迹太多了，选择一条旅游路线太难了。
There are so many scenic spots and historical sites in China. It is too difficult to choose an itinerary.

Nǐ kěyǐ xiàng lǚxíngshè zīxún yíxià, huòzhě shàngwǎng cháxún.
A：你可以向旅行社咨询一下，或者上网查询。

You may consult a travel agency or check on the internet.

Wǒ mǎshàng jiù wèn.
B：我马上就问。

I will consult them immediately.

Zuìjìn shì lǚyóu de wàngjì, nǐ cānjiā yí ge lǚxíngtuán ba.
A：最近是旅游的旺季，你参加一个旅行团吧。

It is a busy season for traveling now. How about joining in a tour group?

Wǒ bù xiǎng cānjiā lǚxíngtuán, nàyàng bú zìyóu.
B：我不想参加旅行团，那样不自由。

I don't want to join in a tour group. In that case, I am not free.

Cānjiā lǚxíngtuán yě yǒu hǎochu, yīnwèi lǚxíngshè huì wèi nǐ ānpái hǎo yíqiè de.
A：参加旅行团也有好处，因为旅行社会为你安排好一切的。

Joining in a tour group also has advantages, because the travel agency will arrange everything for you.

Wènwen zài shuō ba.
B：问问再说吧。

I will make a decision after I ask the agency.

New Words

1. 紧张	jǐnzhāng	(形)	stressed
2. 压力	yālì	(名)	pressure
3. 度假	dùjià	(动)	go on holiday
4. 计划	jìhuà	(名、动)	plan; plan
5. 下周	xià zhōu		next week
6. 海滨	hǎibīn	(名)	seashore
7. 主意	zhǔyi	(名)	idea
8. 吹	chuī	(动)	blow
9. 着	zhe	(尾)	*particle*
10. 美丽	měilì	(形)	beautiful
11. 风光	fēngguāng	(名)	scenery
12. 享受	xiǎngshòu	(动)	enjoy
13. 一起	yìqǐ	(副)	together
14. 可惜	kěxī	(形)	pitiful
15. 假期	jiàqī	(名)	holiday
16. 名胜	míngshèng	(名)	well-known scenic spot
17. 古迹	gǔjì	(名)	historical site
18. 选择	xuǎnzé	(动)	choose
19. 旅游	lǚyóu	(名)	travel

20. 路线	lùxiàn	（名）	route
21. 旅行社	lǚxíngshè	（名）	travel agency
旅行	lǚxíng	（动）	travel
22. 或者	huòzhě	（连）	or
23. 查询	cháxún	（动）	check
24. 马上	mǎshàng	（副）	immediately
25. 旺季	wàngjì	（名）	busy season
26. 自由	zìyóu	（名、形）	freedom; free
27. 旅行团	lǚxíngtuán	（名）	tour group
28. 好处	hǎochu	（名）	benefit
29. 因为	yīnwèi	（介、连）	for; because
30. 为	wèi	（介）	for
31. 安排	ānpái	（动）	arrange
32. 一切	yíqiè	（代）	everything

Proper Noun

海南岛	Hǎinándǎo	Hainan Island

Annotations

1. 着 zhe

"Zhe" is the suffix of a verb that indicates the continuation of an action or a state. For example:

海风吹着,阳光照着。

The sun is shining, and the sea wind is blowing.

照相机没在桌子上放着。

There isn't any camera on the table.

"Zhe" also indicates concomitance or manner. For example:

老师笑着说:"你好!"

The teacher said with a smile: "Hello!"

他拿着很多书走了。

He went away with many books in his hand.

2. 或者 huòzhě

"Huòzhě" is used in indicative sentences offering two or more choices. "Háishi" is used in alternative questions. For example:

吃西餐或者吃中餐都可以。

It is all right whether we eat Western food or Chinese food.

你吃西餐还是中餐?

Do you like to eat Western food or Chinese food?

星期一或者星期二我去旅游。

I will go to travel on Monday or Tuesday.

你星期一出发还是星期二出发？

Will you set off on Monday or Tuesday?

3. 为 *wèi*

It is a preposition that indicates the object, aim or purpose of an action or activity. For example:

这是为你准备的。

This is prepared for you.

我为你们唱一首歌。

I will sing a song for you.

4. 再说吧 *zài shuō ba*

It is used in oral Chinese to indicate that the speaker will make a decision after thinking it over. For example:

这件事以后再说吧。

Let's talk about this later.

什么时候去想想再说吧。

I will consider when I should go there.

Exercises

一 完成句子 Complete the following sentences.

1. 明天我计划(　　　　　)。
2. 参加旅行团有好处,因为(　　　　　)。
3. 我想上网查询(　　　　　)。

二 选择填空 Choose the correct answers.

1. 考试的时候你(　　)吗?

A 压力　　B 可惜　　C 紧张　　D 享受

2. 很(　　),他们恋爱两年分手了。

A 享受　　B 紧张　　C 可惜　　D 高兴

3. 我(　)他买了一个生日礼物。

A 向　　B 对　　C 为　　D 往

三 选词填空 Fill in the following blanks with the proper words.

选择　　一切　　轻松　　压力　　享受

1. 我最近工作不忙,很(　　)。
2. 好好(　　)你的假期吧。
3. 这里的(　　)都是那么美丽。
4. 我感受到工作和学习的(　　)很大。
5. 这两条旅游路线你(　　)哪条?

Supplementary Words

1. 日光浴	rìguāngyù	（动）	have a sunbath
2. 假日	jiàrì	（名）	holiday
3. 观光	guānguāng	（动）	go sightseeing
4. 景点	jǐngdiǎn	（名）	scenic spot
5. 风景区	fēngjǐngqū	（名）	scenic area

Related Sentences

1. 我想去哈尔滨看冰灯。

   Wǒ xiǎng qù Hā'ěrbīn kàn bīngdēng.

   I want to go to Harbin to see the ice lanterns.

2. 那个度假村有滑雪场吗？

   Nàge dùjiàcūn yǒu huáxuěchǎng ma?

   Is there a ski run in that holiday village?

3. 这个城市旅游设施完备，景点也很多。

   Zhège chéngshì lǚyóu shèshī wánbèi, jǐngdiǎn yě hěn duō.

   The tourist service facilities of this city is perfect and there are also many scenic spots.

4. 旅游淡季的交通应该很方便。

Lǚyóu dànjì de jiāotōng yīnggāi hěn fāngbiàn.

In slack season for tourism, the traffic must be very convenient.

5. 怎么安排食宿和交通？

Zěnme ānpái shísù hé jiāotōng?

How to arrange for board and lodging as well as traffic?

Dì Sì Kè Chángchéng Zhēn Shì Zhuàngguān

第 4 课 长城 真 是 壮 观

Lesson Four The Great Wall is really spectacular

Sentence Patterns

Chángchéng zhēn shì zhuàngguān!
1. 长城真是壮观!

The Great Wall is really spectacular!

Gǔdài de Zhōngguórén zhēn liǎobuqǐ!
2. 古代的中国人真了不起!

The ancient Chinese people were really remarkable!

Jiǎnzhí shì qíjì!
3. 简直是奇迹!

It is simply a wonder!

Rénlèi de zhìhuì hé lìliàng shì zuì wěidà de.
4. 人类的智慧和力量是最伟大的。

Human beings' wisdom and power are the greatest.

Chúle Gùgōng yǐwài, nǐ hái kěyǐ kànkan Yíhé Yuán.
5. 除了故宫以外，你还可以看看颐和园。

Besides the Imperial Palace, you can also visit the Summer Palace.

Nǐ huì fāxiàn hěn duō lǎo Běijīng de wénhuà.
6. 你会发现很多老北京的文化。

You will find many traditional culture of the old Beijing.

Wǒ xiǎng qù kànkan Zhōngguó de jīngjì fāzhǎn.
7. 我想去看看中国的经济发展。

I am going to see the development of China's economy.

Ràng wǒmen qù gǎnshòu yíxià Huáng Hé wénhuà ba.
8. 让我们去感受一下黄河文化吧。

Let's experience the culture of the Yellow River.

Wǒ de jiàqī tài duǎn le!
9. 我的假期太短了!

My holidays pass quickly!

Tā shì ge zhōngguótōng.
10. 他是个中国通。

He is a China hand.

Dialogues

Wǒ zhōngyú dēngshangle Wàn Lǐ Chángchéng! Xiànzài zhīdao shénme shì "zhuàngguān" le.
A: 我终于登上了万里长城!现在知道什么是"壮观"了。

I have finally reached the ten-thousand-li Great Wall! Now

I know what is "spectacular".

Wǒmen Zhōngguórén shuō "bú dào Chángchéng fēi hǎohàn",
B：我们中国人说"不到长城非好汉"，
nǐ xiànzài shì yīngxióng hǎohàn le.
你现在是英雄好汉了。

As a Chinese saying goes, "One who fails to reach the Great Wall cannot be called a true man", now you are a true man.

Gǔdài de Zhōngguórén zhēn liǎobuqǐ, zěnme xiūjiàn
A：古代的中国人真了不起，怎么修建
qǐ nàme cháng de chéngqiáng?
起那么长的城墙？

The ancient Chinese people were really terrific. How did they build such a long Great Wall?

Chángchéng de měi yí kuài zhuān shang dōu yǒu gǔdài
B：长城的每一块砖上都有古代
Zhōngguórén de xuèhàn hé zhìhuì.
中国人的血汗和智慧。

Every brick has witnessed the sweat and toil and the wisdom of the ancient Chinese people.

Chángchéng jiǎnzhí shì qíjì!
A：长城简直是奇迹！

The Great Wall is simply a wonder!

Wǒ juéde rénlèi de zhìhuì hé lìliàng shì zuì wěi-
B：我觉得人类的智慧和力量是最伟
dà de.
大的。

I think the wisdom and power of human beings are the greatest.

Lǐ Míng, Běijīng de wénhuà gǔjì wǒ dōu yóulǎn wán
A：李明，北京的文化古迹我都游览完
le, nǐ shuō, hái yǒu hǎowánr de dìfang ma?
了，你说，还有好玩儿的地方吗？

Li Ming, I have visited all the cultural and historical sites in Beijing. Can you tell me if there are any other good places?

Běijīng de lǚyóu wénhuà hěn fēngfù, chúle Gùgōng、
B：北京的旅游文化很丰富，除了故宫、
Yíhé Yuán zhèxiē gǔjì yǐwài, nǐ hái kěyǐ qù
颐和园这些古迹以外，你还可以去
kànkan hútòng.
看看胡同。

The tourist attractions of Beijing are very rich. Besides the historical sites such as the Imperial Palace and the Summer Palace, you can also take a look at Hutong.

Hútòng yǒu yìsi ma?
A：胡同有意思吗？

Is Hutong interesting to visit?

Nǐ qù le jiù zhīdao le, nǐ huì fāxiàn hěn duō lǎo
B：你去了就知道了，你会发现很多老
Běijīng de wénhuà.
北京的文化。

You will see when you get there. You will find many cultural landscape of the old Beijing.

Chúle Běijīng ne?
A：除了北京呢？

What about other places outside Beijing?

Nà tài duō le! Qù Shànghǎi、Shēnzhèn kàn Zhōngguó de jīngjì fāzhǎn; qù Xī'ān gǎnshòu Huáng Hé wénhuà; qù jiāngnán shuǐxiāng、qù Xīzàng hé Qīnghǎi, hái yǒu fójiào míngshèng……
B：那太多了！去上海、深圳看中国的经济发展；去西安感受黄河文化；去江南水乡、去西藏和青海，还有佛教名胜……

There are a lot! You can go to Shanghai and Shenzhen to see the development of China's economy; you can know the culture of the Yellow River in Xi'an; you can also go to the south of the lower reaches of the Yangtze River, and Tibet and Qinghai and also to the famous Buddhist site....

Bié shuō le, Zhōngguó tài dà le! Wǒ de jiàqī tài duǎn le!
A：别说了，中国太大了！我的假期太短了！

Don't say any more. China is so large! My holidays are too short!

Hāha, nǐ jiù mànmàn yóulǎn ba! Zhèxiē nǐ dōu kàn-
B：哈哈，你就慢慢游览吧！这些你都看
dào le, nǐ jiù shì "zhōngguótōng" le!
到了，你就是"中国通"了！

Haha, take your time over sightseeing. If you could visit them all, you would be a "China expert"!

New Words

1. 终于	zhōngyú	（副）	eventually
2. 登	dēng	（动）	reach
3. 万里长城	Wàn Lǐ Chángchéng		Great Wall
长城	Chángchéng	（名）	Great Wall
4. 壮观	zhuàngguān	（形）	spectacular
5. 不到长城非好汉	bú dào Chángchéng fēi hǎohàn		One who fails to reach the Great Wall cannot be called a true man.
好汉	hǎohàn	（名）	true man
6. 英雄	yīngxióng	（名）	hero
7. 古代	gǔdài	（名）	ancient times
8. 了不起	liǎobuqǐ	（形）	terrific
9. 修建	xiūjiàn	（动）	build

10. 长	cháng	（形）	long
11. 城墙	chéngqiáng	（名）	city wall
12. 砖	zhuān	（名）	brick
13. 血汗	xuèhàn	（名）	sweat and toil
14. 智慧	zhìhuì	（名）	wisdom
15. 简直	jiǎnzhí	（副）	simply
16. 奇迹	qíjì	（名）	wonder
17. 力量	lìliàng	（名）	power
18. 伟大	wěidà	（形）	great
19. 游览	yóulǎn	（动）	visit
20. 好玩儿	hǎowánr	（形）	amusing
21. 丰富	fēngfù	（形）	rich
22. 除了……以外	chúle……yǐwài		besides
23. 胡同	hútòng	（名）	Hutong
24. 发现	fāxiàn	（动）	find
25. 老	lǎo	（形）	old
26. 经济	jīngjì	（名）	economy
27. 发展	fāzhǎn	（动）	develop
28. 江南	Jiāngnán	（名）	south of the Yangtze River
29. 水乡	shuǐxiāng	（名）	region of rivers and lakes
30. 佛教	fójiào	（名）	Buddhism

31. 短	duǎn	（形）	short
32. 哈	hā	（叹）	ha
33. 中国通	zhōngguótōng	（名）	China hand

Proper Nouns

1. 故宫	Gùgōng	Imperial Palace
2. 颐和园	Yíhé Yuán	Summer Palace
3. 深圳	Shēnzhèn	Shenzhen
4. 西安	Xī'ān	Xi'an
5. 黄河	Huáng Hé	Yellow River
6. 西藏	Xīzàng	Tibet Autonomous Region
7. 青海	Qīnghǎi	Qinghai Province

Annotations

1. 终于 *Zhōngyú*

The adverb "zhōngyú" indicates an event happening at last as a result. For example:

他们谈了六年恋爱，终于结婚了。

They got married in the end after six years' courtship.

我终于等到了这个机会。

I finally got this chance.

2. 简直 *jiǎnzhí*

The adverb "jiǎnzhí" is used in a exaggerated tone to indicate that it is like perfection. For example:

他简直太聪明了！

He is so smart!

这里的风景简直太美了！

The scene here is so beautiful!

3. 除了……以外 *chúle……yǐwài*

This structure means "except or outside of". The sentence pattern is "chúle……yǐwài, ……dōu……". For example:

除了这个表演以外，别的我都不喜欢。

I don't like other performances except this one.

除了这个菜以外，别的我都不吃。

I would not eat other dishes except this one.

When you need to make an additional point, you could use the sentence pattern "chúle……yǐwài, ……hái……". For example:

除了学习汉语以外，我还在中国旅游观光。

Besides learning Chinese, I am enjoying the sightseeing in China.

他除了会汉语以外，还会说英语、法语和日语。

He can also speak English, French and Japanese besides Chinese.

Exercises

一 完成句子 Complete the following sentences.

1. 除了北京以外,我还去过(　　　　　　)。
2. 长城简直太(　　　　　　)了!
3. 我想起来了,明天(　　　　　　)。

二 选择 Choose the correct answers.

1. 他真(　　　),简直是"中国通"!

A 了不起　　B 对不起　　C 有意思　　D 好玩儿

2. 人类的(　　)是伟大的。

A 血汗　　B 聪明　　C 智慧　　D 胡同

3. 我的假期很(　),很可惜,不能去那么多地方玩。

A 长　　B 快　　C 慢　　D 短

4. 这个城市有很多佛教(　　)。

A 城墙　　B 名胜　　C 胡同　　D 奇迹

三 选词填空 Fill in the following blanks with the proper words.

力量　修建　经济　丰富　游览

1. 我(　　)了中国很多城市。
2. 是谁(　　)了故宫?
3. 中国的(　　)发展很快。
4. 我在中国的生活很(　　)。

5. 朋友的爱给了我很多(　　)。

Supplementary Words

1. 景色	jǐngsè	(名)	scenery
2. 迷人	mírén	(形)	attractive
3. 悠久	yōujiǔ	(形)	time-honored
4. 桂林	Guìlín	(专名)	Guilin
5. 少林寺	Shàolín Sì	(专名)	Shaolin Temple
6. 泰山	Tài Shān	(专名)	Mount Tai
7. 苏州园林	Sūzhōu yuánlín		Suzhou gardens
8. 内蒙古	Nèiměnggǔ	(专名)	Inner Mongolia Autonomous Region
9. 草原	cǎoyuán	(名)	grassland
10. 西湖	Xī Hú	(专名)	West Lake
11. 寺庙	sìmiào	(名)	temple
12. 道教文化	dàojiào wénhuà		Taoist culture
13. 风土人情	fēngtǔ rénqíng		local customs and conditions
14. 印象	yìnxiàng	(名)	impression

Related Sentences

1. 这里的山水简直美极了！

   Zhèli de shānshuǐ jiǎnzhí měi jí le!

   The landscape here is really beautiful!

2. 这些建筑都有悠久的历史。

   Zhèxiē jiànzhù dōu yǒu yōujiǔ de lìshǐ.

   These buildings all have a long history.

3. 桂林山水甲天下。

   Guìlín shānshuǐ jiǎ tiānxià.

   The mountains and waters of Guilin are the finest under heaven.

4. 上有天堂，下有苏杭。

   Shàng yǒu tiāntáng, xià yǒu Sū Háng.

   Up above there is paradise in heaven and down here there are Suzhou and Hangzhou on earth.

5. 五台山是佛教名山。

   Wǔtái Shān shì fójiào míng shān.

   Mount Wutai is a famous Buddhist mountain.

6. 内蒙古草原的景色真迷人啊！

   Nèiměnggǔ cǎoyuán de jǐngsè zhēn mírén a!

   The scenery of Inner Mongolia grassland is really attracting!

7. 我喜欢那里的风土人情。

   Wǒ xǐhuan nàli de fēngtǔ rénqíng.

   I like local conditions and customs there.

8. 我从没见过这么迷人的景色。

Wǒ cóng méi jiànguo zhème mírén de jǐngsè.

I have never seen such beautiful scenery.

9. 这次旅行给我留下了难忘的印象。

Zhè cì lǚxíng gěi wǒ liúxiàle nánwàng de yìnxiàng.

This tour left an unforgettable impression on me.

Dì Wǔ Kè DìngPiào hé Mǎi Piào

第5课 订票和买票

Lesson Five Booking and buying tickets

Sentence Patterns

Yǒu hòutiān qù Shànghǎi de jīpiào ma?

1. 有后天去上海的机票吗?

Is there any plane ticket to Shanghai the day after tomorrow?

Nín mǎi dānchéng háishi wǎngfǎn?

2. 您买单程还是往返?

Do you want to buy a one-way ticket or a round-trip one?

Yǒu bā zhé de yōuhuì.

3. 有八折的优惠。

We can give you a 20% discount.

Nín zuò shénme shíjiān de hángbān?

4. 您坐什么时间的航班?

When does your flight leave?

Wǒmen yǒu miǎnfèi de sòng piào fúwù.

5. 我们有免费的送票服务。

We offer free delivery service of tickets.

Kěyǐ mǎi sì tiān yǐnèi de huǒchēpiào.

6. 可以买四天以内的火车票。

You can book the train ticket four days in advance.

Nín yào wòpù háishi yìngzuò?
7. 您要卧铺还是硬座?

What seat do you want, sleeper or hard seat?

Duìbuqǐ, yìngwò màiwánle, zhǐ yǒu ruǎnwò le.
8. 对不起,硬卧卖完了,只有软卧了。

Sorry. The hard-sleeper tickets are sold out. There are only soft berth tickets left.

Shùnbiàn wèn yíxià, kěyǐ tuìpiào ma?
9. 顺便问一下,可以退票吗?

By the way, can I return the ticket?

Dialogues

Nǐ hǎo, yǒu hòutiān qù Shànghǎi de fēijīpiào ma?
A:你好,有后天去上海的飞机票吗?

Hello, is there any plane ticket to Shanghai the day after tomorrow?

Yǒu, nín mǎi dānchéng háishi wǎngfǎn?
B:有,您买单程还是往返?

Yes, there are. Do you want to buy a one-way ticket or a round-trip one?

Wǎngfǎn jīpiào kěyǐ dǎzhé ma?
A：往返机票可以打折吗？

Can I have a discount for a round-trip ticket?

Yǒu bā zhé de yōuhuì.
B：有八折的优惠。

20% discount.

Hǎo, wǒ zài dìng yì zhāng shì hào de fǎnchéngpiào.
A：好，我再订一张 10 号的返程票。

OK. I will book a homeward ticket on the tenth day of the month.

Nín hòutiān chéngzuò shénme shíjiān de hángbān?
B：您后天乘坐什么时间的航班？

Which flight do you want to take the day after tomorrow?

Zhǐyào shì xiàwǔ de hángbān jiù kěyǐ.
A：只要是下午的航班就可以。
It's all right if the flight is in the afternoon.

Hǎo, wǒmen yǒu miǎnfèi de sòng piào fúwù, qǐng gàosu wǒ nín de dìzhǐ.
B：好，我们有免费的送票服务，请告诉我您的地址。
OK. We offer free delivery service of tickets. Please tell me your address.

Dōng Cháng'ān Jiē èrshí'èr hào, Mótuōluólā Gōngsī, qǐng jì yíxià wǒ de diànhuà.
A：东长安街22号，摩托罗拉公司，请记一下我的电话。
No. 22 East Chang'an Street, Motorola Inc. Please write down my phone number.

Qǐngwèn zuì zǎo kěyǐ mǎidào nǎ tiān de huǒchēpiào?
A：请问最早可以买到哪天的火车票？
Excuse me, how many days in advance can I buy a ticket ?

Kěyǐ mǎidào sì tiān yǐnèi de huǒchēpiào.
B：可以买到四天以内的火车票。
You can buy a ticket four days in advance.

Wǒ xiǎng mǎi liǎng zhāng zhōuliù qù Nánjīng de huǒchēpiào.
A：我想买两张周六去南京的火车票。

I want to buy two tickets to Nanjing on Saturday.

Nín yào wòpù háishi yìngzuò?
B：您要卧铺还是硬座？

Do you want sleeper tickets or hard-seat ones?

Wǒ yào yìngwò.
A：我要硬卧。

I want a hard-sleeper ticket.

Shāo děng, wǒ gěi nín chá yíxià.
B：稍等，我给您查一下。

Wait for a while. Let me check it for you.

(guòle yíhuìr)
(过了一会儿)

(A moment later)

Duìbuqǐ, zhōuliù qù Nánjīng de yìngwò màiwánle,
B：对不起，周六去南京的硬卧卖完了，
zhǐ yǒu ruǎnwò le.
只有软卧了。

Sorry, there isn't any ticket of hard sleeper to Nanjing. There are only soft berths left.

Hǎo ba, nà jiù mǎi liǎng zhāng ruǎnwò ba.
A：好吧，那就买两张软卧吧。

OK. Two soft-berth tickets, please.

Zhè shì nín de piào, K wǔshíyī cì, zhōuliù wǎn liù diǎn fāchē.
B：这是您的票，K51次，周六晚6点发车。

Here are your tickets. K51, leaving at six pm on Saturday.

Shùnbiàn wèn yíxià, kěyǐ tuìpiào ma?
A：顺便问一下，可以退票吗？

By the way, can I return the ticket?

Tuìpiào zhǐ néng qù huǒchēzhàn de chuāngkǒu tuì, bìxū
B：退票只能去火车站的窗口退，必须
zài fāchē qián yì xiǎoshí tuì.
在发车前一小时退。

You can only return them at the returning-ticket window at the train station. You must return the tickets one hour before the train sets off.

Míngbai le. Duō xiè!
A：明白了。多谢！

I see. Thanks a lot!

New Words

1. 飞机	fēijī	(名)	plane
2. 票	piào	(名)	ticket
3. 单程	dānchéng	(名)	one way
4. 往返	wǎngfǎn	(动)	go to and fro
5. 机票	jīpiào	(名)	plane ticket
6. 打折	dǎ//zhé	(动)	give a discount
7. 优惠	yōuhuì	(形)	favorable
8. 订	dìng	(动)	book
9. 返程	fǎnchéng	(名、动)	return journey; return
10. 乘坐	chéngzuò	(动)	take
11. 航班	hángbān	(名)	flight
12. 只要	zhǐyào	(连)	as long as
13. 免费	miǎn//fèi	(动)	be free of charge
14. 送	sòng	(动)	deliver
15. 服务	fúwù	(动)	serve
16. 街	jiē	(名)	street
17. 以内	yǐnèi	(名)	within
18. 火车票	huǒchēpiào	(名)	train ticket
火车	huǒchē	(名)	train

19. 卧铺	wòpù	(名)	sleeper
20. 硬座	yìngzuò	(名)	hard seat
硬	yìng	(形)	hard
21. 硬卧	yìngwò	(名)	hard sleeper
22. 查	chá	(动)	check
23. 卖	mài	(动)	sell
24. 软卧	ruǎnwò	(名)	soft berth
软	ruǎn	(形)	soft
25. 发车	fā//chē	(动)	set off
26. 顺便	shùnbiàn	(副)	by the way
27. 退票	tuì//piào	(动)	return a ticket
28. 火车站	huǒchēzhàn	(名)	railway station
29. 明白	míngbai	(动)	see

Proper Nouns

1. 摩托罗拉公司	Mótuōluólā Gōngsī	Motorola Inc.
2. 南京	Nánjīng	Nanjing

Annotations

1. 只要……就…… zhǐyào……jiù……

It indicates that under a certain condition the case after "jiù" will happen. For example:

只要有时间我就去那个地方看书。

I will go to that place to read as long as I have time.

只要明天天气好,我们就去郊游。

We will go for an outing if the weather is fine tomorrow.

只要你多说多听,汉语就能学好。

You can learn Chinese well if you speak more and listen more.

2. 顺便 shùnbiàn

"Shùnbiàn" means doing something in addition to what one is doing. For example:

我是来旅游的,顺便来看老朋友。

I come here to be on tour and by the way I visit my old friends.

你去商店的时候顺便给我买一盒烟。

When you go to the shop, buy me a box of cigarettes by the way.

Exercises

一 完成句子 Complete the following sentences.

1. 我想买一张(　　　　)的飞机票。
2. 硬座卖完了,我只能买(　　　　)了。
3. 请把票给我送到(　　　　)。

二 选择填空 Choose the correct answers.

1. 请(　　),我帮您看看有没有明天的卧铺。

A 等　　B 稍等　　C 顺便　　D 退票

2. 我想买(　　)的机票。

A 软卧　　B 打折　　C 卧铺　　D 硬座

3. 我想乘坐(　　)的航班,正好晚上到那里。

A 去上海　　B 优惠　　C 下午　　D 往返

4. (　　)是后天能到上海的飞机票就可以,什么航班没有关系。

A 只要　　B 只有　　C 只　　D 只能

三 选词填空 Fill in the following blanks with the proper words.

优惠　　以内　　顺便　　只有　　订

1. 我去邮局寄东西,(　　)去超市看看。
2. 现在买往返机票可以(　　)。
3. 我们的手机一个月(　　)可以退换。
4. 我想(　　)下周三的飞机票。
5. (　　)你才能帮我。

Supplementary Words

1. 订票热线	dìngpiào rèxiàn		hot line for ticket booking
2. 出票	chū//piào	（动）	draw a ticket
3. 手续费	shǒuxùfèi	（名）	service charge
4. 直航	zhíháng	（动）	make a direct flight
5. 船票	chuánpiào	（名）	ship ticket
6. 首发站	shǒufāzhàn	（名）	starting station
7. 终点站	zhōngdiǎnzhàn	（名）	terminal

Related Sentences

1. 有去柏林的往返机票吗？

   Yǒu qù Bólín de wǎngfǎn jīpiào ma?

   Is there any round-trip ticket to Berlin?

2. 这趟班机几点起飞？

   Zhè tàng bānjī jǐ diǎn qǐfēi?

   When does the flight set off?

3. 宾馆有去机场的大巴。

   Bīnguǎn yǒu qù jīchǎng de dàbā.

   There are shuttle buses to the airport from the hotel.

4. 请问一天有几次飞香港的航班？

Qǐngwèn yì tiān yǒu jǐ cì fēi Xiānggǎng de hángbān?

Excuse me, how many flights are there to Hong Kong in a day?

5. 请问是直航吗？

Qǐngwèn shì zhíháng ma?

Is it a direct flight?

6. 还要转机吗？

Hái yào zhuǎnjī ma?

Do I need to transfer my plane?

7. 这是普通列车还是特快列车？

Zhè shì pǔtōng lièchē háishi tèkuài lièchē?

Is this an ordinary train or an express?

8. 这趟火车的终点站是哪里？

Zhè tàng huǒchē de zhōngdiǎnzhàn shì nǎli?

Where is the terminal of this train?

9. 另外加收 10 元送票费。

Lìngwài jiā shōu shí yuán sòngpiàofèi.

We will charge you additional ten yuan as the fee for delivering tickets.

Dì Liù Kè Yǒu Dānrénjiān ma

第6课 有单人间吗

Lesson Six Is there a single room

Sentence Patterns

Wǒ xiǎng yào yí ge dānrénjiān.

1. 我想要一个单人间。

   I would like to have a single room.

Shuāngrénjiān xiànzài kè mǎn le.

2. 双人间现在客满了。

   The double rooms are full.

Qǐng xiān jiāo yíxià yājīn.

3. 请先交一下押金。

   Please give a deposit first.

Qǐng bāng wǒ kāitōng guójì chángtú.

4. 请帮我开通国际长途。

   Please help me open the overseas phone call.

Qǐng kàn wǒmen de fúwù zhǐnán.

5. 请看我们的服务指南。

   Please take a look at our service guide.

Dialogues

Nǐ hǎo, wǒ xiǎng yào yí ge fángjiān.
A：你 好，我 想 要 一 个 房 间。

Hello, I would like to have a room.

Qǐngwèn xiānsheng, nín yùdìngle ma?
B：请 问 先 生，您 预 订 了 吗？

Excuse me, sir. Do you have any reservation?

Méiyou yùdìng.
A：没 有 预 订。

No, I haven't.

Nín yào dānrénjiān háishi shuāngrénjiān?
B：您要单人间还是双人间？
Would you like to have a single room or a double one?

Pǔtōng de dānrénjiān jiù kěyǐ.
A：普通的单人间就可以。
The ordinary single room is OK.

Duìbuqǐ, pǔtōngjiān xiànzài kè mǎn le, zhǐ yǒu yí ge háohuá tàojiān le.
B：对不起，普通间现在客满了，只有一个豪华套间了。
Sorry. The ordinary rooms are full. There is only a luxury suite left.

Shénme jiàgé?
A：什么价格？
How much is it?

Měitiān shì liùbǎi bāshí yuán, bāokuò sān cān.
B：每天是六百八十元，包括三餐。
It is six hundred and eighty yuan per day including three meals.

Hǎo ba, wǒ zhù sān tiān.
A：好吧，我住三天。
OK. I will stay for three days.

Qǐng nín xiān jiāo yíxià yājīn.
B：请您先交一下押金。
Please give a deposit first.

Hǎo.
A：好。

OK.

Zhè shì nín de fángkǎ, xiànzài fúwùshēng jiù bāng nín bān xíngli.
B：这是您的房卡，现在服务生就帮您搬行李。

This is your room card and the waiter will help you carry the luggage.

Xiānsheng, dǎrǎo nín yíxià, nín xūyào zhěnglǐ fángjiān ma?
A：先生，打扰您一下，您需要整理房间吗？

Excuse me, sir. Do you want your room cleaned up?

Hǎo ba.
B：好吧。

Yes.

……

Kètáng fúwù de diànhuà zěnme dǎ?
B：客房服务的电话怎么打？

What is the telephone number of room service?

Qǐng bō bā bā liù liù.
A：请拨8866。

Please dial 8866.

Wèi, fúwùtái ma? Qǐng bāng wǒ kāitōng guójì chángtú.
B：喂，服务台吗？请帮我开通国际长途。

Hello, is this the information desk? Please help me open the overseas phone call.

Hǎo, nín hái yào qítā fúwù ma?
C：好，您还要其他服务吗？

OK, do you need any other services?

Qǐngwèn jiànshēnfáng zài jǐ lóu?
B：请问健身房在几楼？

Could you tell me, on which floor is the gymnasium?

Zài sān lóu. Lìngwài wǒmen de lùtiān yóuyǒngchí hé bǎolíngqiúguǎn duì guìbīn miǎnfèi kāifàng.
C：在三楼。另外我们的露天游泳池和保龄球馆对贵宾免费开放。

It is on the third floor. Besides, our open-air swimming pool

and bowling room are open freely to VIP guests.

Yǒu yúlè huódòng ma?

B：有娱乐活动吗？

Are there any recreational activities?

Zài dàtáng yǒu yīnyuè jiǔba. Nín hái kěyǐ kàn yíxià wǒmen de fúwù zhǐnán.

C：在大堂有音乐酒吧。您还可以看一下我们的服务指南。

In the lobby, there is a music bar. You can also take a look at our service guide.

New Words

1. 预订	yùdìng	（动）	book, place an order
1. 单人间	dānrénjiān	（名）	single room
2. 双人间	shuāngrénjiān	（名）	double room
3. 客满	kè mǎn		be booked up
4. 豪华	háohuá	（形）	luxurious
5. 套间	tàojiān	（名）	suite
6. 包括	bāokuò	（动）	include
7. 餐	cān	（名）	meal
8. 押金	yājīn	（名）	deposit

9. 房卡	fángkǎ	(名)	room card
10. 服务生	fúwùshēng	(名)	waiter
11. 搬	bān	(动)	carry
12. 行李	xíngli	(名)	baggage
13. 打扰	dǎrǎo	(动)	disturb
14. 整理	zhěnglǐ	(动)	clean up
15. 客房	kèfáng	(名)	guest room
16. 拨	bō	(动)	dial
17. 服务台	fúwùtái	(名)	information desk
18. 开通	kāitōng	(动)	open
19. 国际	guójì	(名、形)	international
20. 长途	chángtú	(名)	long-distance
21. 其他	qítā	(代)	other
22. 健身	jiànshēn	(动)	keep fit
23. 另外	lìngwài	(代、副、连)	other; differently; besides
24. 露天	lùtiān	(名、形)	open air; outside
25. 游泳池	yóuyǒngchí	(名)	swimming pool
26. 保龄球	bǎolíngqiú	(名)	bowling
27. 馆	guǎn	(名)	accommodation for cultural or sports activities
28. 贵宾	guìbīn	(名)	VIP guest

29. 开放	kāifàng	(动、形)	open; open
30. 娱乐	yúlè	(名)	entertainment
31. 活动	huódòng	(名、动)	activity; move about
32. 大堂	dàtáng	(名)	lobby
33. 指南	zhǐnán	(名)	guide

Annotations

1. A 帮 B…… *A bāng B……*

It is a common sentence pattern. For example:

我帮你学习汉语吧。

Let me help you learn Chinese.

你能帮我搬一下行李吗？

Would you help me carry my baggage?

他帮我预订了机票。

He helps me book the plane ticket.

2. 其他 *qítā*

"Qítā" is a demonstrative pronoun, meaning "other". It is used to refer to people or things beyond a certain scope. For example:

需要其他服务请看宾馆服务指南。

If you need other services, read the service guide please.

除了看表演以外,还有没有其他活动?

Are there any other activities besides watching performances?

3. 另外 lìngwài

It means something else except the things that have been mentioned.

For example:

我说的是另外的一件事。

What I said is another thing.

他给别人预订好房间后,又另外给我准备了一个房间。

After he booked rooms for others, he prepared a separate room for me.

Exercises

一 用指定词语完成句子 Complete the following sentences.

1. 客人:我要( )。 [单人间]

   服务生:对不起,( )。 [客满]

2. 服务员,请( )。 [整理]
3. 除了保龄球以外,( )。 [娱乐]
4. 我们宾馆的露天游泳池( )。 [开放]

二 选择填空 Choose the correct answers.

1. 我们的健身房( )客人免费开放。

   A 和　　B 对　　C 跟　　D 另外

2. 房费(　　)早餐吗？

A 另外　　B 包括　　C 有　　D 免费

3. 服务台，我的房间电话要(　　)国际长途。

A 开始　　B 打开　　C 开放　　D 开通

三 选词填空 Fill in the following blanks with the proper words.

押金　　打扰　　豪华　　房卡

1. 我想要一个(　　)套间。
2. 这个(　　)好像有问题，打不开门。
3. 他在学习，请不要(　　)他。
4. 请问这个房间需要多少(　　)？

Supplementary Words

1. 小费	xiǎofèi	(名)	tip
2. 酒店	jiǔdiàn	(名)	pub
3. 会员卡	huìyuánkǎ	(名)	membership card
4. VIP 卡	VIP kǎ	(名)	VIP card
5. 叫早电话	jiào zǎo diànhuà		morning call
6. 桑拿	sāngná	(名)	sauna
7. 按摩	ànmó	(动)	massage
8. 美容室	měiróngshì	(名)	beauty parlor

9. 商务中心	shāngwù zhōngxīn	business center
10. 退房	tuì fáng	check out

Related Sentences

1. 我想订一个双人标准间。

   Wǒ xiǎng dìng yí ge shuāngrén biāozhǔnjiān.

   I want to make a reservation for a standard double room.

2. 你们酒店有什么娱乐健身项目？

   Nǐmen jiǔdiàn yǒu shénme yúlè jiànshēn xiàngmù?

   What recreational and body-building activities are there in your hotel?

3. 酒店有外币兑换服务吗？

   Jiǔdiàn yǒu wàibì duìhuàn fúwù ma?

   Does your hotel have the service for exchanging foreign currency?

4. 可以代订机票吗？

   Kěyǐ dài dìng jīpiào ma?

   Can I book the plane ticket for other person?

5. 我要找值班经理，你们的服务有问题。

   Wǒ yào zhǎo zhíbān jīnglǐ, nǐmen de fúwù yǒu wèntí.

   I want to talk to your manager on duty. There is something wrong with your service.

6. 商务中心和小会议厅怎么收费？

   Shāngwù zhōngxīn hé xiǎo huìyìtīng zěnme shōufèi?

   How do you charge for the business center and small meeting room?

7. 我想住四星级以上的宾馆。

Wǒ xiǎng zhù sì xīngjí yǐshàng de bīnguǎn.

I want to stay in the four-star hotel or a better one.

8. 谢谢您,我们酒店规定不收客人小费。

Xièxie nín, wǒmen jiǔdiàn guīdìng bù shōu kèren xiǎofèi.

Thank you. It is our regulation that we are not allowed to receive any tips from the guests.

9. 我要办理退房。

Wǒ yào bànlǐ tuìfáng.

I want to check out.

Dì Qī Kè Wǒ Zūle Yí Tào Fángzi

第7课 我租了一套房子

Lesson Seven I have rented an apartment

Sentence Patterns

Wǒ bānjiā le.

1. 我搬家了。

I moved my house.

Dìduàn、 miànjī hé zūjīn dōu héshì.

2. 地段、面积和租金都合适。

The locality, size and rental are all suitable for me.

Fángzi kòngzhe yě shì làngfèi, ràng wǒ bāng tā zū chuqu.

3. 房子空着也是浪费,让我帮他租出去。

It is also a waste if the room is vacant. He asked me to help him rent the room out.

Xiǎoqū huánjìng hé wùyè guǎnlǐ dōu hěn bàng.

4. 小区环境和物业管理都很棒。

The residential environment and the property management in the community are excellent.

Zūjīn wǒmen kěyǐ jiànmiàn shāngliang.

5. 租金我们可以见面商量。

As for the rentals, we can discuss when we meet.

Nǐmen tán de zěnmeyàng?
6. 你们谈得怎么样?

How was your talk?

Xiāngdāng mǎnyì.
7. 相当满意。

We are very satisfied.

Tā fùzé jiāo qítā yíqiè fèiyòng.
8. 他负责交其他一切费用。

He is responsible for paying all fees.

Dialogues

Yǒu shíjiān dào wǒ nàli guò zhōumò, wǒ bānjiā le.
A:有时间到我那里过周末,我搬家了。

I moved my house. You can come over to my new home at weekend when you are free.

Nǐ zhème kuài jiù zūdào fángzi le?
B:你这么快就租到房子了?

Have you rented a house in such a short time?

Shì Zhōngguó péngyou jièshào de, dìduàn、miànjī hé zūjīn
A:是中国朋友介绍的,地段、面积和租金

dōu héshì.
都合适。

It was introduced by my Chinese friend. The locality, size and rentals are pretty suitable for me.

Wǒ yě xiǎng zū yí tào fángzi, kěshì tōngguò zhōngjiè
B：我也想租一套房子，可是通过中介
gōngsī lái bàn hěn máfan.
公司来办很麻烦。

I also want to rent an apartment but it is too troublesome to deal with the intermediary agency.

Zhènghǎo wǒ de yí ge Zhōngguó péngyou yào chūguó xué-
A：正好我的一个中国朋友要出国学
xí, tā de fángzi kòngzhe yě shì làngfèi, tā ràng wǒ
习，他的房子空着也是浪费，他让我

bāng tā zū chuqu.
帮他租出去。

It so happened that one of my Chinese friends is going to study abroad. It is a waste that his house keeps vacant, so he asked me to help him rent it out.

Nǐ qùguo tā de jiā?
B：你去过他的家？

Have you been to his home?

Tā shì wǒ gēmenr, tā de jiā zài wàiqǐ zhōngxīn, xiǎoqū huánjìng hé wùyè guǎnlǐ dōu hěn bàng.
A：他是我哥们儿，他的家在外企中心，小区环境和物业管理都很棒。

He is my buddy and his house locates at the center of foreign enterprises. The residential environment and the property management are excellent.

Hǎo, zūjīn wǒmen kěyǐ jiànmiàn shāngliang.
B：好，租金我们可以见面商量。

OK. We could discuss the rentals when we meet.

Nǐmen tán de zěnmeyàng? Mǎnyì ma?
A：你们谈得怎么样？满意吗？

How was your talk? Are you satisfied?

Jiājù hé jiāyòng diànqì dōu hěn hǎo, wǒ xiāngdāng mǎnyì.
B：家具和家用电器都很好，我相当满意。

I am very satisfied with the furniture and home appliances. They are quite good.

Nà zūjīn tánhǎole ma?
A：那租金谈好了吗？

Have you reached an agreement on the rentals?

Tánhǎole, měi ge yuè liǎngqiān měijīn.
B：谈好了，每个月两千美金。

Yes. We made a deal. It is two thousand dollars each month.

Wùyè guǎnlǐfèi ne?
A：物业管理费呢？

How about the fee for the property management?

Chúle diànhuàfèi yǐwài, tā fùzé jiāo qítā yí-
B：除了电话费以外，他负责交其他一
qiè fèiyòng.
切费用。

He will pay all fees except for the telephone charge.

Nǐ shénme shíhou bān jinqu?
A：你什么时候搬进去？

When will you move in?

Xià zhōu nǐ jiù kěyǐ dài péngyou dào wǒ jiā guò zhōu-
B：下周你就可以带朋友到我家过周
mò le.
末了。

You can spend your weekend with your friends at my home next week.

New Words

1. 周末	zhōumò	（名）	weekend
2. 搬家	bān//jiā	（动）	move house
3. 租	zū	（动）	rent
4. 房子	fángzi	（名）	house
5. 地段	dìduàn	（名）	locality
6. 面积	miànjī	（名）	size
7. 租金	zūjīn	（名）	rental

8. 套	tào	（量）	(*measure word*) suite
9. 通过	tōngguò	（动、介）	pass; through
10. 中介	zhōngjiè	（名）	intermediary
11. 正好	zhènghǎo	（副）	coincidentally
12. 出国	chū//guó	（动）	go abroad
13. 空	kòng	（形、动）	vacant; empty
14. 浪费	làngfèi	（动）	waste
15. 让	ràng	（动）	let
16. 哥们儿	gēmenr	（名）	buddy
17. 外企	wàiqǐ	（名）	foreign enterprise
18. 中心	zhōngxīn	（名）	center
19. 小区	xiǎoqū	（名）	housing estate
20. 物业	wùyè	（名）	property
21. 管理	guǎnlǐ	（动）	manage
22. 棒	bàng	（形）	excellent
23. 商量	shāngliang	（动）	discuss
24. 谈	tán	（动）	talk about
25. 家具	jiājù	（名）	furniture
26. 家用电器	jiāyòng diànqì		home appliances
27. 相当	xiāngdāng	（副）	rather
28. 美金	měijīn	（名）	US dollar
29. 负责	fùzé	（动）	be responsible for
30. 费用	fèiyòng	（名）	fee

Annotations

1. 正好 *zhènghǎo*

It indicates that the time, quantity, size, etc. are neither too little nor too much. For example:

我想找他,他正好来了。

He came here coincidentally when I wanted to look for him.

这些钱正好买一个笔记本电脑。

This money is just enough for a laptop.

他的生日正好是新年。

His birthday is just the New Year's day.

2. 让 *ràng*

When "ràng" is used as a verb, it has the meaning of admission, order or surrender. For example:

老师让我们明天交作业。

Teacher asked us to hand in our homework tomorrow.

不要让孩子看太长时间的电视。

Don't let the child watch TV for a long time.

他让我多找些朋友来玩。

He asked me to find more friends to play here.

3. 租出去/搬进去 *zū chuqu / bān jinqu*

"Chūlái", "jìnqù", "guòqù", "guòlái", "qǐlái", etc. can be put after the verb. It acts as a compound complement of direction. It indicates the direction of the verb. For example:

他慢慢地走过来了。

He walks this way slowly.

请把行李拿进房间去。

Please carry the luggage into the room.

他很快地跑进楼来了。

He ran into the building very quickly.

我跳不过去。

I can't jump it over.

他站起来就走了。

He stood up and left straightly.

Exercises

一 用指定词语完成句子 Complete the following sentences.

1. 如果想租房子,(   )。 [中介公司]
2. 我想租一套(   )房子。 [家用电器]
3. 我不知道去还是不去,(   )。 [商量]
4. 那套房子(   ),所以租金很贵。 [地段]
5. 请问,您(   )吗? [租]

二 选择填空 Choose the correct answers.

1. 我想(　　)一个精彩的周末。

A 过去　　B 过来　　C 过　　D 通过

2. 租金一个月一千美金,我觉得很(　　)。

A 适合　　B 合适　　C 棒　　D 相当

3. 说(　　)了,明天上午九点见。

A 完　　B 好　　C 满意　　D 起来

4. 不要(　)小孩子看这样的电影。

A 对　　B 让　　C 想　　D 可以

三 选词填空 Fill in the following blanks with the proper words.

电器　　面积　　浪费　　相当　　正好

1. 我也(　　)想去吃饭,我们一起去吧。
2. 她(　　)漂亮,也很聪明。
3. 这个房子的(　　)太小了。
4. 现在人们的生活越来越离不开(　　)了。
5. 请不要(　　)时间,快点儿!

Supplementary Words

1. 取暖费	qǔnuǎnfèi	(名)	heating cost
2. 装修	zhuāngxiū	(动)	fit up
3. 租期	zūqī	(名)	tenancy

4. 黄金地段	huángjīn dìduàn		prime location
5. 车位	chēwèi	(名)	parking slot
6. 商业中心	shāngyè zhōngxīn		business center
7. CBD			central business district
8. 阳台	yángtái	(名)	balcony

Related Sentences

1. 那套房子装修得不错。

   Nà tào fángzi zhuāngxiū de búcuò.

   That house was well fitted up.

2. 面积不大不小，单身住很合适。

   Miànjī bú dà bù xiǎo, dānshēn zhù hěn héshì.

   The size is neither too big nor too small. It is very suitable for singles to live in.

3. 这个小区在市区的黄金地段。

   Zhège xiǎoqū zài shìqū de huángjīn dìduàn.

   The housing estate is situated at the prime location of the city.

4. 出门购物很方便。

   Chūmén gòuwù hěn fāngbiàn.

   It is convenient for going shopping.

5. 这里交通便利。

Zhèli jiāotōng biànlì.

The traffic facilities are very convenient here.

6. 我喜欢阳台大、视野好的房子。

Wǒ xǐhuan yángtái dà、shìyě hǎo de fángzi.

I like the house that has a big balcony with a good view.

7. 必须一次性交齐一年的租金。

Bìxū yícìxìng jiāoqí yì nián de zūjīn.

You must pay the whole year's rentals at one time.

Dì Bā Kè Qǐngwèn Nín Zuò Shénme Gōngzuò

第 8 课 请问您做什么工作

Lesson Eight Excuse me, what do you do

Sentence Patterns

Qǐngwèn nín zuò shénme gōngzuò?

1. 请问您做什么工作?

Excuse me, what do you do?

Wǒ shì gǎo jìsuànjī yìngjiàn de.

2. 我是搞计算机硬件的。

I am engaged in the computer hardware.

Wǒmen shì tóngháng.

3. 我们是同行。

We are in the same field.

Nǐ de gōngzuò bǐ wǒ de hǎo.

4. 你的工作比我的好。

Your job is better than mine.

Wǒ jiānzhí zuò jiàoshī.

5. 我兼职做教师。

I am doing part-time job as a teacher.

Nǐ tài qiānxū le.

6. 你太谦虚了。

You're too modest.

Tā búdàn kěyǐ jiāo gěi xuésheng hǎo de xuéxí fāng-
7. 他不但可以教给学生好的学习方
fǎ, érqiě kěyǐ zhèngquè de jiěshì wénhuà.
法，而且可以正确地解释文化。

He should not only teach students good study method, but also explain the culture correctly.

Yǐhòu zài zhège fāngmiàn hái yào xiàng nín duō qǐngjiào.
8. 以后在这个方面还要向您多请教。

I will consult you more in this aspect from now on.

Zhè shì wǒ de míngpiàn.
9. 这是我的名片。

This is my business card.

Zhēn pèifu nǐ!
10. 真佩服你！

I really admire you!

Dialogues

Zhào xiānsheng, qǐngwèn nín zuò shénme gōngzuò?
A：赵先生，请问您做什么工作？

Mr Zhao, may I ask you what you do for a living?

Wǒ shì jiàoshī, gǎo duìwài Hànyǔ jiàoxué de.
B：我是教师，搞对外汉语教学的。

I'm a teacher and I am engaged in teaching Chinese as a foreign language.

Jiù shì jiāo wǒmen wàiguórén shuō Hànyǔ ba? Wǒmen shì tóngháng.
A：就是教我们外国人说汉语吧？我们是同行。

Do you teach our foreigners to speak Chinese? We are in the same field.

Nǐ shì zuò Yīngyǔ jiàoxué de?
B：你是做英语教学的？

Are you engaged in English teaching?

Cāiduì le, wǒ xiànzài gěi yì suǒ dàxué de Zhōngguó
A：猜对了，我现在给一所大学的中国

xuésheng shàng Yīngyǔ kǒuyǔ.
学生上英语口语。

You got it. I'm teaching Chinese students oral English in an university.

Wǒmen dōu shì zuò yǔyán péixùn gōngzuò de.
B：我们都是做语言培训工作的。

Both of us are working in the field of language training.

Nín de gōngzuò bǐ wǒ de hǎo, wǒ zhǐ shì jiānzhí, nín shì zhuānyè jiàoshī.
A：您的工作比我的好，我只是兼职，您是专业教师。

Your work is better than mine. Mine is a part-time job and you are a professional teacher.

Nǎli, nǐ tài qiānxū le. Nǐ yídìng yě shì ge hǎo lǎoshī.
B：哪里，你太谦虚了。你一定也是个好老师。

You are so modest. You must be a good teacher, too.

Yí wèi hǎo de yǔyán jiàoshī duì xuésheng láishuō tài zhòngyào le.
A：一位好的语言教师对学生来说太重要了。

It is very important for the students to have a good language teacher.

Wǒ tóngyì, tā búdàn yào jiāo gěi xuésheng hǎo de
B：我同意，他不但要教给学生好的

xuéxí fāngfǎ, érqiě hái yào zhèngquè de jiěshì wénhuà.
学习方法，而且还要正确地解释文化。

I agree. He should not only teach students good study method but also explain the culture correctly.

Wǒ yǐhòu zài yǔyán xuéxí zhè fāngmiàn hái yào xiàng nín duō xuéxí.
A：我以后在语言学习这方面还要向您多学习。

I need learn more from you in language learning.

Wǒmen hùxiāng tígāo.
B：我们互相提高。

We will make progress together.

Qǐngwèn nín zuò shénme gōngzuò?
A：请问您做什么工作？

Excuse me, what do you do?

Wǒ shì zuò jìsuànjī ruǎnjiàn xiāoshòu de.
B：我是做计算机软件销售的。

I sell computer softwares.

Zài shénme gōngsī?
A：在什么公司？

In which company?

Zài Zhōngguó de Liánxiǎng Jítuán, zhè shì wǒ de míngpiàn.
B：在中国的联想集团，这是我的名片。

Lenovo Group, a Chinese company. This is my business card.

Xièxie, Liánxiǎng shì Zhōngguó zuì dà de IT qǐyè, zhēn pèifu nǐ.

A：谢谢，联想是中国最大的IT企业，真佩服你。

Thank you. The Lenovo Group is the biggest IT enterprise in China. I really admire you.

Nǎli, wǒmen yālì yě hěn dà.

B：哪里，我们压力也很大。

Thank you. Our pressure is also big.

Zhè hěn zìrán, nín shì xiāoshòu bùmén de jīnglǐ, dāngrán yǒu yālì. Wǒ xiāngxìn nǐ yídìng néng zuòhǎo!

A：这很自然，您是销售部门的经理，当然有压力。我相信你一定能做好！

It's natural. You are the manager of the sales department and no doubt it is a stressful job. I believe you must be good in your work!

Xièxie nǐ.

B：谢谢你。

Thank you.

New Words

1. 教师	jiàoshī	（名）	teacher
2. 搞	gǎo	（动）	do
3. 对外	duì wài		external
4. 教学	jiàoxué	（名、动）	teaching; teach
5. 同行	tóngháng	（名）	people of the same field
6. 猜	cāi	（动）	guess
7. 所	suǒ	（量）	*measure word*
8. 口语	kǒuyǔ	（名）	oral language
9. 培训	péixùn	（动）	train
10. 比	bǐ	（介）	than
11. 兼职	jiānzhí	（动、名）	hold a concurrent post; part-time job
12. 专业	zhuānyè	（名、形）	major; professional
13. 谦虚	qiānxū	（形）	modest
14. 重要	zhòngyào	（形）	important
15. 同意	tóngyì	（动）	agree
16. 不但……而且……	búdàn……érqiě……		not only... but also...
17. 方法	fāngfǎ	（名）	method

18. 正确	zhèngquè	(形)	right
19. 解释	jiěshì	(动)	explain
20. 方面	fāngmiàn	(名)	aspect
21. 互相	hùxiāng	(副)	each other
22. 提高	tígāo	(动)	improve
23. 计算机	jìsuànjī	(名)	computer
24. 软件	ruǎnjiàn	(名)	software
25. 销售	xiāoshòu	(动)	market
26. 名片	míngpiàn	(名)	business card
27. 企业	qǐyè	(名)	enterprise
28. 佩服	pèifu	(动)	admire
29. 自然	zìrán	(形、名)	natural; nature
30. 部门	bùmén	(名)	department
31. 经理	jīnglǐ	(名)	manager

Proper Noun

联想集团 Liánxiǎng Jítuán Lenovo Group

Annotations

1. 比 bǐ

It indicates a comparison and is usually used in the pattern "A bǐ B + adjective". It also can be followed by a complement. For example:

这件衣服比那件贵。

This clothes is more expensive than that one.

我的汉语比以前进步多了。

I have made much progress with my Chinese learning than before.

2. 哪里 nǎli

Here the "nǎli" is a word for courtesy. It responds to a compliment. For example:

A：您的汉语说得真棒！

Your spoken Chinese is really terrific!

B：哪里哪里，还差得远呢！

I am flattered. It is far from the best!

A：您可真漂亮、真年轻！

You are so beautiful and young!

B：哪里，你也是啊！

I am flattered. So are you!

3. ……对……来说，…… ……duì……láishuō, ……

It indicates the influence or the function of one thing on another. For example:

家庭幸福对每个人来说都是非常重要的。

Having a happy family is very important to each person.

性格对学习外语来说也有影响。

The personality will also have influence on the learning of a foreign language.

4. 不但……而且…… búdàn……érqiě……

This expression is used to indicate the progressive structure. "Búdàn" can be omitted. For example:

他不但会说英语，而且还能说法语和日语。

He can speak not only English but also French and Japanese as well.

不但我觉得这个方法好，而且我的朋友也觉得好。

Not only I but also my friend feels that it is a good method.

这个东西不但实用，而且便宜。

This thing is not only practical but also cheap.

5. 地 de

"De" in "zhèngquè de jiěshì" is read in the neutral tone. And it is used between the predicate and the adverbial. For example:

他轻轻地打开门，慢慢地走了进来。

He opened the door lightly and walked in slowly.

李明高兴地说："我爸爸妈妈来看我了！"

Li Ming said happily: "My parents have come to see me!"

那孩子佩服地看着我。

That kid looks at me admiringly.

Exercises

一 用指定词语完成句子 Complete the following sentences.

1. 现在很多国家的大学(　　　　　　　　)。 [汉语教学]
2. 我汉字写得不好,但是我(　　　　　　　)。 [口语]
3. 靠词典不会学好汉语,(　　　　　　)。 [方法]
4. 我有一个很好的中国朋友,(　　　　　　)。 [互相]
5. 一个月前他不会说汉语,(　　　　　　)。 [佩服]

二 用课文中合适的词填空 Fill in the blanks with the proper words in the text.

联想集团是中国最大的计算机(　　　　),在那里工作的人都是很优秀的。李明是联想集团(　　　　)部门的(　　　　),他每天工作很忙,也很紧张,(　　　　)当然很大。晚上他还要学习英语,到一(　　　　)大学(　　　　)英语口语课。那里的英语(　　　)很好,有很好的学习(　　　),现在他的口语(　　　)很快,(　　　)公司其他中国人的英语说得好。很多人(　　　　)他,说他聪明,但是每次李明都很(　　　)地说:“哪里,我还要努力,学好英语(　　　)每个人来说都很重要,我只是在这(　　　　)多用了一些时间。”

Supplementary Words

1. 硬件	yìngjiàn	（名）	hardware
2. 设计	shèjì	（名、动）	design; design
3. 售后服务	shòuhòu fúwù		after-sale service
4. 市场	shìchǎng	（名）	market
5. 人才	réncái	（名）	talented people
6. 优秀	yōuxiù	（形）	excellent
7. 就业	jiù//yè	（动）	obtain employment
8. 理想	lǐxiǎng	（名、形）	dream; ideal
9. 工程师	gōngchéngshī	（名）	engineer
10. 商人	shāngrén	（名）	businessman

Related Sentences

1. 我是做软件设计的。

   Wǒ shì zuò ruǎnjiàn shèjì de.

   I am engaged in software design.

2. 他在公司负责搞培训。

   Tā zài gōngsī fùzé gǎo péixùn.

   He is in charge of training in the company.

3. 您的职业最稳定，收入也不错。

Nín de zhíyè zuì wěndìng, shōurù yě búcuò.

Your career is the most stable and the income is not bad.

4. 我真羡慕您的工作。

Wǒ zhēn xiànmù nín de gōngzuò.

I really admire your job.

5. 市场上优秀的人才太多了，就业机会很少。

Shìchǎng shang yōuxiù de réncái tài duō le, jiùyè jīhuì hěn shǎo.

There are so many excellent talents and fewer employment opportunities in the talent market.

6. 我小时候的理想是当作家，现在成了工程师。

Wǒ xiǎoshíhou de lǐxiǎng shì dāng zuòjiā, xiànzài chéngle gōngchéngshī.

My ideal was to become a writer in my childhood but now I am an engineer.

Dì Jiǔ Kè Gōngsī Jīn Wǎn Yào Jiābān

第9课 公司今晚要加班

Lesson Nine We need to work overtime in the company toninght

Sentence Patterns

Gōngsī juédìng jīn wǎn jiābān.

1. 公司决定今晚加班。

The company has decided to work overtime tonight.

Gōngsī hé diànshìtái hézuò gǎole yí ge huódòng.

2. 公司和电视台合作搞了一个活动。

Our company has cooperated with the TV station to hold an activity.

Guīmó bǐ shàng cì dà de duō.

3. 规模比上次大得多。

The scale is much bigger than the previous one.

Gègè bùmén dōu hěn zhòngshì.

4. 各个部门都很重视。

Every department has attached great inportance to it.

Wǒ lèi de huíjiā dōu zǒu bu dòng le.

5. 我累得回家都走不动了。

I'm too tired to walk home.

Gōngsī tōngzhī jīntiān xiàwǔ quántǐ kāihuì.

6. 公司通知今天下午全体开会。

The company informs that all of us will have a meeting this afternoon.

Gōngsī de xīn xiàngmù gēn xīn chǎnpǐn shàngshì yǒu guānxi.

7. 公司的新项目跟新产品上市有关系。

The new project of the company is related to the marketing of the new products.

Nàme duō huìyì nòng de wǒ tóuténg.

8. 那么多会议弄得我头疼。

Too many meetings have made my head ache.

Wǒ zuìjìn máng de shǒu máng jiǎo luàn.

9. 我最近忙得手忙脚乱。

I have been extremely busy recently.

Guòle zhè duàn shíjiān jiù hǎo le.

10. 过了这段时间就好了。

It will be fine after this period.

Dialogues

Gōngsī juédìng, zhège xīngqī dōu yào jiābān.
A：公司决定，这个星期都要加班。

It is decided by the company that we will work overtime this week.

Nà nǐmen de xiūjià yě qǔxiāo le?
B：那你们的休假也取消了？

Will your holidays also be cancelled?

Kěnéng yǐhòu lǎobǎn huì gěi bǔshang.
A：可能以后老板会给补上。

Maybe the boss will make it up later.

Shénme rènwù zhème jǐnzhāng?
B：什么任务这么紧张？

What task makes you so nervous?

Gōngsī yào hé Zhōngguó Zhōngyāng Diànshìtái hézuò gǎo yí ge huódòng.
A：公司要和中国中央电视台合作搞一个活动。

Our company will cooperate with the CCTV to hold an activity.

Shì chǎnpǐn jièshào ma?
B：是产品介绍吗？

Is it the description of products?

Bú shì, shì wǒmen Wēiruǎn Gōngsī zài Zhōngguó de yí ge qìngdiǎn huódòng.
A：不是，是我们微软公司在中国的一个庆典活动。

No. It is a celebration that Microsoft Corporation holds in China.

Bǐ shàng cì de guīmó hái yào dà?
B：比上次的规模还要大？

Is the scale larger than last time?

Duì, bǐ shàng cì dà de duō, gōngsī gègè bùmén dōu
A：对，比上次大得多，公司各个部门都

hěn zhòngshì.
很 重 视。

Yes. Every department of our company pays much attention to it.

Nǐ yào jiābān dào jǐ diǎn?
B：你 要 加 班 到 几 点？

When will the overtime work last?

Yěxǔ dào wǔyè, shàng cì wǒ lèi de huíjiā dōu zǒu
A：也 许 到 午 夜，上 次 我 累 得 回 家 都 走

bu dòng le.
不 动 了。

Maybe till midnight. I was too tired to walk home last time.

Gōngsī tōngzhī jīntiān xiàwǔ quántǐ kāihuì.
A：公 司 通 知 今 天 下 午 全 体 开 会。

The company informs that we will hold a plenary meeting this afternoon.

Yòu kāihuì! Shénme nèiróng?
B：又 开 会！什 么 内 容？

A meeting again! What is it about?

Hǎoxiàng shì gōngsī xīn jiēle yí ge xiàngmù, gēn xīn
A：好 像 是 公 司 新 接 了 一 个 项 目，跟 新

chǎnpǐn shàngshì yǒu guānxi.
产 品 上 市 有 关 系。

It seems that the company has a new project and it is related to the marketing of the new products.

Nà nǐmen guǎnggàobù yòu děi máng de shuì bu hǎo jiào le.

B：那你们广告部又得忙得睡不好觉了。

Then, your advertisement department will be too busy to have a good sleep.

Nǐmen péixùnbù yě bú huì qīngxián.

A：你们培训部也不会轻闲。

Your training department will not be idle either.

Liánzhe kāile hǎo jǐ ge zhòngyào huìyì, nòng de wǒ tóuténg.

B：连着开了好几个重要会议，弄得我头疼。

We have held several important meetings one after another. It has made my head ache.

Gōngzuò dì yī, xiūxī dì èr, méi bànfǎ.
A：工作第一，休息第二，没办法。

Work first and rest second. We have no choice.

Wǒ zuìjìn zhēn shì shǒu máng jiǎo luàn, gàn bu wán de gōngzuò, kāi bu wán de huìyì.
B：我最近真是手忙脚乱，干不完的工作，开不完的会议。

I have been extremely busy recently with endless work and endless meetings.

Dàjiā dōu yíyàng, guòle zhè duàn shíjiān jiù hǎo le.
A：大家都一样，过了这段时间就好了。

We are all the same. Everything will be fine after this period.

New Words

1. 决定	juédìng	（动、名）	decide; decision
2. 加班	jiā//bān	（动）	work overtime
3. 休假	xiū//jià	（动）	take a holiday
4. 取消	qǔxiāo	（动）	cancel
5. 老板	lǎobǎn	（名）	boss
6. 补	bǔ	（动）	make up
7. 任务	rènwù	（名）	task

8. 电视台	diànshìtái	（名）	TV station
9. 合作	hézuò	（动）	cooperate
10. 产品	chǎnpǐn	（名）	product
11. 庆典	qìngdiǎn	（名）	celebration
12. 规模	guīmó	（名）	scale
13. 各个	gègè	（代）	every
各	gè	（代）	each
14. 重视	zhòngshì	（动）	attach importance to
15. 午夜	wǔyè	（名）	midnight
16. 通知	tōngzhī	（名、动）	notice; inform
17. 全体	quántǐ	（名）	all members
18. 开会	kāi//huì	（动）	hold a meeting
会	huì	（名）	meeting
19. 项目	xiàngmù	（名）	project
20. 上市	shàng//shì	（动）	go on the market
21. 关系	guānxi	（名）	relation
22. 睡觉	shuì//jiào	（动）	sleep
23. 轻闲	qīngxián	（形）	idle
24. 连	lián	（副、动）	successively; connect
25. 会议	huìyì	（名）	meeting
26. 弄	nòng	（动）	make
27. 头疼	tóuténg	（形）	headachy
28. 办法	bànfǎ	（名）	method

29. 手忙脚乱	shǒu máng jiǎo luàn		be in a great bustle
30. 干	gàn	（动）	do
31. 大家	dàjiā	（代）	everybody
32. 段	duàn	（量）	*measure word*

Proper Nouns

1. 中国中央电视台	Zhōngguó Zhōngyāng Diànshìtái	CCTV
2. 微软公司	Wēiruǎn Gōngsī	Microsoft Corporation

Annotations

1. 各 gè

The pronoun "gè" refers to one individual entity. It is used before a noun or measure word. The pattern is "gè+(measure word)+noun". If the noun is single-charactered, measure word is not required between "gè" and the noun. For example:

各国 each country

各地 each place

Nouns indicating organizations or institutions are also put directly after "gè". For example:

各单位　　each unit

各省　　each province

各部门　　each department

各团体　　each group

2. 走不动　　*zǒu bu dòng*

"Bú dòng", "bù liǎo" and "bù zháo" serve as the complement of result after a verb. Their affirmative forms are "de dòng", "de liǎo" and "de zháo". For example:

我拿不动这么重的行李。

The baggage is so heavy that I can't carry it.

我拿得动这么重的行李。

The baggage is so heavy, but I can carry it.

在这个城市买不着那种啤酒。

We can't buy that kind of beer in this city.

太累了,跑不动了。

I am too tired to run further.

你搬得动那么多书吗?

Can you move so many books?

Exercises

一 完成句子 Complete the following sentences.

1. 最近工作太忙了,(　　　　　　)。　[取消]
2. 微软公司(　　　　　　)。　[产品]
3. 我爱人在中央电视台工作,(　　　　　　)。　[加班]
4. 这个活动的庆典来了很多歌星,(　　　　　　)。　[规模]
5. 这封信的内容很有意思,(　　　　　　)。　[跟……有关]
6. 因为紧张,(　　　　　　)。　[手忙脚乱]

二 选择填空 Choose the correct answers.

1. 他唱歌唱(　)真好听。

   A 的　B 地　C 得　D 了

2. 我们吃(　　)这么多菜。

   A 不动　B 不了　C 得动　D 得着

3. 我(　)她没有什么特别的关系。

   A 对　B 向　C 在　D 跟

4. 我最近忙(　)看电视的时间都没有了。

   A 的　B 地　C 得　D 着

三 用课文中的词语填空 Fill in the blanks with the proper words in the text.

我们公司(　　)搞一个新产品介绍(　　),各个部门都很

(　　),所以最近轻闲不了,晚上要(　　)。明天还有一个重要的(　　),我要在会上介绍产品,现在忙得我(　　　),但是没有(　　),只能努力做好。真希望公司的(　　)会让我(　　),用这段时间来休息一下。

Supplementary Words

1. 薪水	xīnshuǐ	(名)	salary
2. 工资	gōngzī	(名)	wage
3. 升职	shēng//zhí	(动)	get a promotion
4. 讨论	tǎolùn	(动)	discuss
5. 发言	fā//yán	(动)	speak
6. 人事	rénshì	(名)	personnel matters
7. 变动	biàndòng	(动)	change

Related Sentences

1. 下午的讨论会我要准备发言。

   Xiàwǔ de tǎolùnhuì wǒ yào zhǔnbèi fāyán.

   I will prepare a speech for the discussion in the afternoon.

2. 总是加班，什么时候加薪啊？

Zǒngshì jiābān, shénme shíhou jiāxīn a?

We often work overtime. When can we get a raise?

3. 晚上的会议取消了。

Wǎnshang de huìyì qǔxiāo le.

The night meeting has been cancelled.

4. 这次会议要讨论工资问题。

Zhè cì huìyì yào tǎolùn gōngzī wèntí.

The salary issue will be discussed at this meeting.

5. 今天开会讨论人事的变动问题。

Jīntiān kāihuì tǎolùn rénshì de biàndòng wèntí.

We will discuss the issue of personnel changes.

Dì Shí Kè Zhù Wǒmen Hézuò Yúkuài

第10课 祝我们合作愉快

Lesson Ten May we have a pleasant cooperation

Sentence Patterns

Jīntiān de yànhuì shì wèile huānyíng guì gōngsī de gè wèi dàibiǎo.

1. 今天的宴会是为了欢迎贵公司的各位代表。

   Today's banquet is to welcome every delegate of your company.

Wǒmen zhè cì huìtán hěn chénggōng.

2. 我们这次会谈很成功。

   Our talk is very successful this time.

Nǐmen de chǎnpǐn shǐ wǒmen hěn yǒu xìnxīn.

3. 你们的产品使我们很有信心。

   It is your products that make us confident.

Nǐmen zài tuīxiāo xīn chǎnpǐn fāngmiàn hěn yǒu jīngyàn.

4. 你们在推销新产品方面很有经验。

   You are very experienced in the promotion of new products.

Nǐmen de chǎnpǐn shì guójì pǐnpái, zhìliàng hǎo.

5. 你们的产品是国际品牌，质量好。

   Your products are regarded as an international brand and they

are of high quality.

Zhù wǒmen hézuò yúkuài, gānbēi!
6. 祝我们合作愉快，干杯！

To our pleasant cooperation. Cheers!

Qǐng tántan nǐmen dàilǐ wǒmen chǎnpǐn de yōushì.
7. 请谈谈你们代理我们产品的优势。

Please talk about your advantages as an agent of our products.

Zhè jiàn cái bāshí yuán.
8. 这件才八十元。

This one is only eighty yuan.

Xīwàng huì shì hǎo xiāoxi.
9. 希望会是好消息。

I hope it would be good news.

Dialogues

Jīntiān dc yànhuì zhǔyào shì wèile dáxiè guì gōngsī de gè wèi dàibiǎo.
A：今天的宴会主要是为了答谢贵公司的各位代表。

Today's banquet is to thank every delegate of your company.

Xièxie, wǒmen zhè cì huìtán hěn chénggōng.
B：谢谢，我们这次会谈很成功。

Thank you. Our talk is very successful this time.

Wǒmen shuāngfāng dōu hěn yǒu chéngyì, nǐmen yě kàndào-
A：我们双方都很有诚意，你们也看到
le wǒmen de quánbù chǎnpǐn.
了我们的全部产品。

Both sides are very sincere and you have also seen all of our products.

Nǐmen de chǎnpǐn shǐ wǒmen hěn yǒu xìnxīn.
B：你们的产品使我们很有信心。

It is your products that make us confident.

Guì gōngsī de zīliào wǒmen yě kàndàole, nǐmen
A：贵公司的资料我们也看到了，你们
zài tuīxiāo xīn chǎnpǐn fāngmiàn hěn yǒu jīngyàn.
在推销新产品方面很有经验。

We have read the information of your company, and you are experienced in the promotion of new products.

Nǐmen de chǎnpǐn shì guójì pǐnpái, zhìliàng hǎo, suǒyǐ
B：你们的产品是国际品牌，质量好，所以
wǒmen yuànyì tuīxiāo.
我们愿意推销。

Your products are regarded as an international brand and they are of high quality, so we'd like to do the sales promotion.

Wǒmen yě hěn yuànyì gēn nǐmen chéngwéi hézuò huǒbàn.
A：我们也很愿意跟你们成为合作伙伴。

We'd like very much to be your partner.

Hǎo, zhù wǒmen hézuò yúkuài, gānbēi!
B：好，祝我们合作愉快，干杯！

OK. I hope we could cooperate happily. Cheers!

Qǐng tántan nǐmen dàilǐ wǒmen chǎnpǐn de yōushì.
A：请谈谈你们代理我们产品的优势。

Please talk about your advantages as an agent of our products.

Yīnwèi wǒmen shúxi Zhōngguó de shìchǎng, wǒmen shúxi Zhōngguórén de xiāofèi qíngkuàng.

B：因为我们熟悉中国的市场，我们熟悉中国人的消费情况。

Because we are familiar with the Chinese market and we are also familiar with the consumption capacity of the Chinese people.

Nǐmen yǒuguo chénggōng de jīngyàn ma?

A：你们有过成功的经验吗？

Do you have any successful experience?

Mùqián méiyǒu, dànshì wǒmen yǒu fēicháng hǎo de xiāoshòu jīgòu.

B：目前没有，但是我们有非常好的销售机构。

So far we haven't. But we have very good sales institutions.

Tāmen yǒu xiàolǜ ma?
A：他们有效率吗？

Do they work efficiently?

Tāmen de gōngzuò xiàolǜ hěn gāo, érqiě shúxi Zhōngguó de xiāoshòu wénhuà hé xiāofèi wénhuà.
B：他们的工作效率很高，而且熟悉中国的销售文化和消费文化。

Yes, they have a very high efficiency and they are familiar with the Chinese marketing and consumption culture.

Wǒmen xiànzài bù xiǎng zhǎo dújiā dàilǐ.
A：我们现在不想找独家代理。

We don't want to look for a sole agent.

Zuò yìbān de dàilǐshāng wǒmen yě yǒu xìngqù.
B：做一般的代理商我们也有兴趣。

We are also interested in general agency.

Wǒmen huì kǎolǜ de, qǐng děng wǒmen de xiāoxi.
A：我们会考虑的，请等我们的消息。

We would think it over. Please wait for our information.

Xīwàng huì shì hǎo xiāoxi.
B：希望会是好消息。

I hope it would be great news.

New Words

1. 宴会	yànhuì	(名)	banquet
2. 主要	zhǔyào	(形)	main
3. 各位	gè wèi		every
4. 代表	dàibiǎo	(名、动)	representative; represent
5. 会谈	huìtán	(名)	talk
6. 成功	chénggōng	(动)	succeed
7. 双方	shuāngfāng	(名)	both sides
8. 诚意	chéngyì	(名)	sincerity
9. 全部	quánbù	(名、副)	all; wholly
10. 使	shǐ	(动)	make
11. 信心	xìnxīn	(名)	confidence
12. 资料	zīliào	(名)	information
13. 推销	tuīxiāo	(动)	promote
14. 经验	jīngyàn	(名)	experience
15. 品牌	pǐnpái	(名)	brand
16. 质量	zhìliàng	(名)	quality
17. 所以	suǒyǐ	(连)	so
18. 愿意	yuànyì	(动)	hope
19. 成为	chéngwéi	(动)	become

20. 伙伴	huǒbàn	（名）	partner
21. 祝	zhù	（动）	wish
22. 愉快	yúkuài	（动）	be happy
23. 干杯	gān//bēi	（动）	drink a toast
24. 代理	dàilǐ	（动）	act as agent
25. 优势	yōushì	（名）	advantage
26. 熟悉	shúxī	（动、形）	familiarize; familiar
27. 消费	xiāofèi	（动）	consume
28. 情况	qíngkuàng	（名）	condition
29. 目前	mùqián	（名）	this moment
30. 机构	jīgòu	（名）	institution
31. 效率	xiàolǜ	（名）	efficiency
32. 独家代理	dújiā dàilǐ		exclusive agent
独	dú	（形）	exclusive
独家	dújiā	（名）	only one
33. 一般	yìbān	（形）	general
34. 代理商	dàilǐshāng	（名）	agent
35. 消息	xiāoxi	（名）	news
36. 希望	xīwàng	（动、名）	hope; wish

Annotations

1. (是)为了 *(shì) wèile*

"Wèile" means "for". For example:

这一切都是为了你,你不知道吗?

Everything is for you. Don't you know?

我买这些书是为了准备考试。

I bought these books for preparing the examination.

公司搞这个活动是为了推销新产品。

This activity held by the company is for the sales promotion of new products.

2. 使 *shǐ*

The sentence with "shǐ" indicates causative relation and the pattern is "A shǐ B……". For example:

你们的产品使我们很有信心。

We are confident in your products.

这个好消息使我们很兴奋。

This good news made us excited.

化妆品不会使你变得年轻。

The cosmetics won't make you younger.

中国人常说,谦虚使人进步。

The Chinese always say that modesty helps one make progress.

Exercises

一 完成句子 Complete the following sentences.

1. 为了(　　　　　),妈妈做了很多菜。
2. 这么好的代理商能使(　　　　　)。
3. 我们代理你们产品的优势是(　　　　　)。
4. 他们公司在(　　　　　)方面很有经验。

二 选择填空 Choose the correct answers.

1. 我们不(　　)这里的销售情况。

   A 效率　　B 代理　　C 熟悉　　D 推销

2. 我们想代理国际(　　)的产品。

   A 伙伴　　B 消费　　C 消费　　D 品牌

3. 在这个城市我们还没有代理(　　)。

   A 效率　　B 品牌　　C 会谈　　D 机构

4. 这是目前(　　)最高的一家销售机构。

   A 消费　　B 经验　　C 兴趣　　D 效率

三 选词填空 Fill in the following blanks with the proper words.

质量　　信心　　消费　　推销　　代理

1. 这次我们一定要有(　　),我们一定会是最好的。
2. 北京和上海的生活(　　)水平很高。
3. 这个活动是个很好的(　　)产品的机会。

4. 这个品牌的服装在中国还没有(　　),我们想试一试。
5. 买东西价格不重要,商品的(　　)才是最重要的。

Supplementary Words

1. 专营	zhuānyíng	(动)	monopolize
2. 接触	jiēchù	(动)	contact
3. 良好	liánghǎo	(形)	good
4. 贸易	màoyì	(名)	trade
5. 国外市场	guówài shìchǎng		overseas market
6. 推广	tuīguǎng	(动)	popularize
7. 代理权	dàilǐquán	(名)	power of agency
8. 佣金	yòngjīn	(名)	commission
9. 款待	kuǎndài	(动)	treat cordially

Related Sentences

1. 我们专营此种商品已有多年经验,很愿意与贵方合作,扩大业务。
Wǒmen zhuānyíng cǐ zhǒng shāngpǐn yǐ yǒu duō nián jīngyàn, hěn yuànyì yǔ guì fāng hézuò, kuòdà yèwù.
We specialize in this commodity for several years. We are willing to cooperate with you and expand our business.

2. 经过几次接触，我们互相留下了良好的印象。

Jīngguò jǐ cì jiēchù, wǒmen hùxiāng liúxiàle liánghǎo de yìnxiàng.

We have left good impression on each other after several contacts.

3. 希望我们加强联系，保持合作。

Xīwàng wǒmen jiāqiáng liánxi, bǎochí hézuò.

We hope that we could strengthen contacts and keep cooperation.

4. 这家贸易公司一直是我们的合作伙伴。

Zhè jiā màoyì gōngsī yìzhí shì wǒmen de hézuò huǒbàn.

This trade company has always been our partner.

5. 我们给代理商的佣金是百分之十。

Wǒmen gěi dàilǐshāng de yòngjīn shì bǎi fēn zhī shí.

We give 10% commission to the agent.

6. 从今年起贵方正式成为我方代理，为期五年。

Cóng jīnnián qǐ guì fāng zhèngshì chéngwéi wǒ fāng dàilǐ, wéiqī wǔ nián.

From this year on, you have become our official agent and the term is scheduled to last five years.

7. 我们想找代理商帮助我们打开国外市场。

Wǒmen xiǎng zhǎo dàilǐshāng bāngzhù wǒmen dǎkāi guówài shìchǎng.

We want to find an agent to help us open the overseas market.

8. 你方可以保证营业额吗？

Nǐ fāng kěyǐ bǎozhèng yíngyè'é ma?

Can you guarantee the turnover?

9. 谢谢你们的盛情款待。

Xièxie nǐmen de shèngqíng kuǎndài.

Thank you for your hospitality.

Dì Shíyī Kè Wǒmen Xiǎng Shǐyòng CIF Jiàgé

第 11 课 我们想使用 CIF 价格

Lesson Eleven We want to adopt CIF price

Sentence Patterns

Gè wèi xiānsheng, zhè yǐjīng shì wǒmen dì sì cì qiàtán le.

1. 各位先生，这已经是我们第四次洽谈了。

   Gentlemen, this is the fourth time that we have negotiated together.

Wǒmen de wèntí jiù shì jiàgé wèntí.

2. 我们的问题就是价格问题。

   Our problem is the price.

Jiàgé bú huì yǐngxiǎng wǒmen de zhè cì hézuò.

3. 价格不会影响我们的这次合作。

   The price won't affect our cooperation this time.

Guì gōngsī bù néng zài yōuhuì yìdiǎnr ma?

4. 贵公司不能再优惠一点儿吗？

   Can't your company give us a little more preference?

Wǒmen yǐjīng ràngbù le, zhè shi wǒmen de zuì dī

5. 我们已经让步了，这是我们的最低

jiàgé.
价格。

We have made a concession and this is the lowest price we can offer.

Wǒmen xiǎng shǐyòng CIF jiàgé.
6. 我们想使用 CIF 价格。

We want to adopt CIF price.

Kěshì nǐmen yào zēngjiā dìnghuò shùliàng.
7. 可是你们要增加订货数量。

But you need to increase your order quantity.

Tǎolùn de jiéguǒ zěnmeyàng?
8. 讨论的结果怎么样?

What is the result of this discussion?

Yīnwèi wǒmen de shìchǎng děng bu liǎo nàme cháng shíjiān.
9. 因为我们的市场等不了那么长时间。

This is because our market will not leave us too much time.

Zhège wǒmen xiǎngdàole, wánquán tóngyì.
10. 这个我们想到了,完全同意。

We also have thought it and we completely agree.

Wǒmen de wèntí zhōngyú jiějuéle.
11. 我们的问题终于解决了。

Our problem has been solved eventually.

Wǒmen shénme shíhou qiān hétong?
12. 我们什么时候签合同?

When will we sign the contract?

Dialogues

Gè wèi xiānsheng, zhè yǐjīng shì wǒmen dì sì cì qiàtán le.
A：各位先生，这已经是我们第四次洽谈了。

Gentlmen, this is the fourth time that we have negotiated together.

Tōngguò qián jǐ cì de jiēchù, wǒmen zhīdao, wǒmen de wèntí jiù shì jiàgé wèntí.
B：通过前几次的接触，我们知道，我们的问题就是价格问题。

After several contacts we know that our problem is the price.

Jiàgé bú huì yǐngxiǎng wǒmen de zhè cì hézuò.
A：价格不会影响我们的这次合作。

The price will not affect our cooperation this time.

Wǒmen yě xiāngxìn shuāngfāng de chéngyì, kěshì guì gōngsī bù néng zài yōuhuì yìdiǎnr ma?
B：我们也相信双方的诚意，可是贵公司不能再优惠一点儿吗？

We also believe both sides' sincerity, but can't your company give us a little more preference?

Wǒmen yǐjīng ràngbùle, zhè shì wǒmen de zuì dī
A：我们已经让步了，这是我们的最低
jiàgé.
价格。

We have made a concession and this is the lowest price we can offer.

Nà wǒmen jiù yào gǎibiàn jiàgé tiáojiàn, wǒmen
B：那我们就要改变价格条件，我们
xiǎng shǐyòng CIF jiàgé.
想使用 CIF 价格。

Then we will change the price conditions and we want to adopt CIF price.

Wǒmen kěyǐ gěi zhè pī huòwù gòumǎi bǎoxiǎn, kě-
A：我们可以给这批货物购买保险，可
shì nǐmen yào zēngjiā dìnghuò shùliàng.
是你们要增加订货数量。

We can buy insurance for this batch of goods, but you have to increase the order quantity.

Zēngjiā duōshao?
B：增加多少？

How much do we need to increase?

Zēngjiā dào yíwàn jiàn, zhèyàng wǒmen cái jiēshòu CIF
A：增加到一万件，这样我们才接受 CIF
jiàgé.
价格。

You should increase the quantity to ten thousand units, then we can accept CIF price.

Zhège dìnghuò shùliàng wǒmen hái yào yánjiū.
B：这个订货数量我们还要研究。

We need to discuss this quantity.

Gè wèi, wǒmen jìxù guānyú jiàgé wèntí de huì-
A：各位，我们继续关于价格问题的会
tán ba.
谈吧。

Everybody, this time we will continue to talk about the

price.

Shàng cì nǐmen yāoqiú wǒ fāng zēngjiā dìnghuò shùliàng,
B：上次你们要求我方增加订货数量，
wǒmen tǎolùnle zhège jiànyì.
我们讨论了这个建议。

You asked us to increase the order quantity last time and we have discussed the suggestion.

Tǎolùn de jiéguǒ zěnmeyàng?
A：讨论的结果怎么样？

What is the result?

Wǒmen jiēshòu nǐmen de shùliàng, wǒmen shǐyòng CIF jiàgé.
B：我们接受你们的数量，我们使用 CIF 价格。

We accept your number and we adopt the CIF price.

Nǐmen méiyǒu qítā tiáojiàn ma?
A：你们没有其他条件吗？
Don't you have any other requirements?

Wǒmen de tiáojiàn hěn jiǎndān, jiù shì zài jiāo huò de shíjiān shang, zài tíqián yí ge yuè.
B：我们的条件很简单，就是在交货的时间上，再提前一个月。
Our requirement is very simple. We hope that you will put the time of delivery forward by one month.

Wèi shénme?
A：为什么？
Why?

Yīnwèi wǒmen de shìchǎng děng bu liǎo nàme cháng shíjiān.
B：因为我们的市场等不了那么长时间。
That is because our market will not leave us too much time.

Zhège wǒmen xiǎngdàole, wánquán tóngyì.
A：这个我们想到了，完全同意。
We also have thought it and we completely agree.

Wǒmen de wèntí zhōngyú jiějué le.
B：我们的问题终于解决了。
Our problem has been solved eventually.

Nà wǒmen shénme shíhou qiān hétong?
A：那我们什么时候签合同？
When will we sign the contract?

Suíshí, wǒmen děng jīntiān yě děng de hěn xīnkǔ.
B：随时，我们等今天也等得很辛苦。
At any time. It is so hard for us to have waited so long.

Hǎo, xiānshengmen, jīntiān wǒ qǐngkè, zhùhè wǒmen
A：好，先生们，今天我请客，祝贺我们
tánpàn chénggōng!
谈判成功！

OK. Gentlemen, I will invite everyone to dinner today to celebrate our successful negotiation.

New Words

1. 洽谈	qiàtán	(动)	negotiate
2. 影响	yǐngxiǎng	(动、名)	affect; influence
3. 相信	xiāngxìn	(动)	believe
4. 让步	ràng//bù	(动)	make a concession
5. 低	dī	(形)	low
6. 改变	gǎibiàn	(动)	change
7. 条件	tiáojiàn	(名)	condition
8. CIF 价格	CIF jiàgé	(专名)	cost, insurance and freight price
9. 批	pī	(量)	(*measure word*) batch
10. 货物	huòwù	(名)	goods
11. 购买	gòumǎi	(动)	buy
12. 保险	bǎoxiǎn	(形、名)	safe; insurance

13. 增加	zēngjiā	(动)	increase
14. 订货	dìng//huò	(动)	order goods
15. 接受	jiēshòu	(动)	accept
16. 研究	yánjiū	(动)	discuss
17. 继续	jìxù	(动)	continue
18. 关于	guānyú	(介)	about
19. 要求	yāoqiú	(动、名)	require; requirement
20. 建议	jiànyì	(动、名)	suggest; suggestion
21. 结果	jiéguǒ	(名)	result
22. 简单	jiǎndān	(形)	simple
23. 交货	jiāo huò		deliver goods
24. 完全	wánquán	(副)	completely
25. 解决	jiějué	(动)	solve
26. 签/签订	qiān/qiāndìng	(动)	sign
27. 合同	hétong	(名)	contract
28. 随时	suíshí	(副)	at any time
29. 辛苦	xīnkǔ	(形)	hard
30. 祝贺	zhùhè	(动)	celebrate
31. 谈判	tánpàn	(动)	negotiate

Annotations

1. 增加到 *zēngjiā dào*

"Dào" put after a verb acts as a complement of result. For example:

我们的订货增加到一万件。

We increase our order to ten thousand units.

我没有想到结果是这样的。

I didn't expect such a result.

我终于等到了这个机会。

I get this chance eventually.

2. 在……上 *zài……shàng*

"Shàng" is put after some abstract nouns to indicate a certain aspect. For example:

这些年轻人在工作经验上还差一点儿。

These youngers are a bit short of work experience.

在爱情上我们每个人都尝过酸、甜、苦、辣。

Everyone of us has experienced joys and sorrows in love.

在学习方法上你还要多研究研究。

You should put more work on the learning method.

Exercises

一 完成句子 Complete the following sentences.

1. (　　　　　　　)影响了我们这次合作。
2. 在交货时间上,我们建议(　　　　　　)。
3. 我们不能接受这个条件,因为(　　　　　　　)。
4. 关于(　　　　　),我们还要继续研究、讨论。

二 选择填空 Choose the correct answers.

1. 我们不能再(　　)了,我们已经接受你们很多条件了。

   A 进步　　B 建议　　C 让步　　D 洽谈

2. 我们(　　)可以开始合作,只要你们需要。

   A 随便　　B 虽然　　C 终于　　D 随时

3. 在货物的数量(　　),我们不能增加那么多。

   A 下　　B 里　　C 中　　D 上

4. 我们等(　　)那么长的时间,请快点儿解决这个问题。

   A 不下　　B 不了　　C 不动　　D 不着

三 选词填空 Fill in the following blanks with the proper words.

接受　　影响　　继续　　解决　　完全

1. 我(　　)不知道这个合同的事情。
2. 等我们(　　)了货物的价格问题后再谈。
3. 希望交货时间不会(　　)我们的合作。

4. 我们计划不给货物购买保险,你们能(　　)吗?
5. 这次解决不了,我们下次(　　)谈。

Supplementary Words

1. FOB 价格	FOB jiàgé	(专名)	free on board price
2. 结算	jiésuàn	(动)	balance
3. 付款	fù kuǎn		pay
4. 方式	fāngshì	(名)	manner
5. 损失	sǔnshī	(动、名)	lose; loss
6. 坚持	jiānchí	(动)	insist
7. 货款	huòkuǎn	(名)	payment for goods
8. 汇票	huìpiào	(名)	bill of exchange
9. 退步	tuì//bù	(动)	give in

Related Sentences

1. 你们选择什么样的价格结算方式?

   Nǐmen xuǎnzé shénmeyàng de jiàgé jiésuàn fāngshì?

   What kind of clearing form do you want to adopt?

2. 我们希望采用FOB付款方式。

Wǒmen xīwàng cǎiyòng FOB fù kuǎn fāngshì.

We hope to adopt FOB price.

3. 我们会坚持我们的价格。

Wǒmen huì jiānchí wǒmen de jiàgé.

We will insist on our price.

4. 你们能不能提前交货?

Nǐmen néng bu néng tíqián jiāo huò?

Can you deliver the goods ahead of schedule?

5. 我们会考虑你们的困难,但是我们也有困难。

Wǒmen huì kǎolǜ nǐmen de kùnnan, dànshì wǒmen yě yǒu kùnnan.

We will consider your difficulties but we also have difficulties.

6. 请开不可撤销信用证。

Qǐng kāi bù kě chèxiāo xìnyòngzhèng.

Please open an irrevocable letter of credit.

7. 在保险方面我们还有不同的意见。

Zài bǎoxiǎn fāngmiàn wǒmen háiyǒu bù tóng de yìjiàn.

We have different opinions on the insurance.

8. 我们双方都退一步,再多给一些优惠条件。

Wǒmen shuāngfāng dōu tuì yí bù, zài duō gěi yìxiē yōuhuì tiáojiàn.

Both of us make a concession to give more favorable conditions.

9. 我们的条件已经非常优惠了。

Wǒmen de tiáojiàn yǐjīng fēicháng yōuhuì le.

Our terms have already been very favorable.

Dì Shí'èr Kè Shāngwù Tánpàn

第 12 课 商务谈判

Lesson Twelve Business negotiation

Sentence Patterns

Wǒmen lái de mùdì jiù shì shāngtán rúhé jiějué huòwù diūshī de wèntí.

1. 我们来的目的就是商谈如何解决货物丢失的问题。

The purpose of our visit is to discuss how to solve the problem of missing goods.

Zhè cì shìgù de zérèn bú zài wǒmen.

2. 这次事故的责任不在我们。

We are not responsible for this accident.

Nǐmen chūkǒushāng méiyǒu zérèn ma?

3. 你们出口商没有责任吗?

Isn't the exporter responsible for that?

Ànzhào hétong guīdìng, nǐmen yīnggāi zhǎo bǎoxiǎn gōngsī péicháng.

4. 按照合同规定,你们应该找保险公司赔偿。

According to the contract you should claim indemnity from the insurance company.

Xīwàng zhè cì shìgù bú huì yǐngxiǎng wǒmen de guānxi.
5. 希望这次事故不会影响我们的关系。

I hope that this accident will not affect our relationship.

Wǒmen bú huì ràng nǐmen shīwàng de.
6. 我们不会让你们失望的。

We will not let you down.

Wǒmen shífēn gǎnxiè!
7. 我们十分感谢!

We appreciate it very much!

Xīwàng wǒmen de hézuò huì jìxù xiaqu.
8. 希望我们的合作会继续下去。

I hope to keep our cooperation.

Duō xiè nǐmen de zhīchí.
9. 多谢你们的支持。

Thank you for your support.

Dialogues

一

Jīntiān wǒmen lái de mùdì jiù shì xiǎng hé guì gōng-
A: 今天我们来的目的就是想和贵公

sī shāngtán, rúhé jiějué shàng cì huòwù diūshī de
司商谈，如何解决上次货物丢失的

wèntí.
问题。

The purpose of our visit today is to discuss with your company how to solve the problem of missing goods last time.

Tǎnshuài de shuō, wǒmen rènwéi zhè cì shìgù de zérèn bú zài wǒmen.
B：坦率地说，我们认为这次事故的责任不在我们。

Frankly speaking, we don't think that we are responsible for this accident.

Huòwù zài yùnshū zhōng fāshēngle shìgù, nǐmen chūkǒushāng méiyǒu zérèn ma?
A：货物在运输中发生了事故，你们出口商没有责任吗？

The accident happened during transportation. Isn't you — the exporter responsible for it?

Duì zhè cì hǎishàng shìgù gěi nǐmen dàilái de sǔnshī, wǒmen biǎoshì yíhàn. Dànshì wǒmen bù néng fùzé.

B：对这次海上事故给你们带来的损失，我们表示遗憾。但是我们不能负责。

We are very sorry about the loss that this sea accident has brought to you, but we are not responsible for this.

Wǒmen méiyou shōudào huòwù, nǐmen yīnggāi péicháng wǒmen de sǔnshī.

A：我们没有收到货物，你们应该赔偿我们的损失。

We failed to receive the cargos. You should make compensation for our losses.

Ànzhào hétong, zài CIF jiàgé tiáojiàn xià, chuánzhī fāshēngle shìgù, nǐmen yīnggāi zhǎo bǎoxiǎn gōngsī péicháng.

B：按照合同，在 CIF 价格条件下，船只发生了事故，你们应该找保险公司赔偿。

According to the contract, under the term of CIF price, the insurance company should compensate for the loss if the cargo ship suffers from an accident.

Kěshì hétong yě guīdìngle, chūxiàn wèntí nǐmen

A：可是合同也规定了，出现问题你们

yīnggāi mǎshàng tōngzhī wǒmen.
应该马上通知我们。

But the contract also stipulates that if something happens you should inform us immediately.

Wǒmen zuòdàole, nǐmen jiēdào tōngzhī de shíjiān bǐjiào wǎn.
B：我们做到了，你们接到通知的时间比较晚。

We did. But you received the notice quite late.

Rúguǒ nǐmen zhèyàng shuō, wǒmen yě kěyǐ jùjué jiāo huòkuǎn.
A：如果你们这样说，我们也可以拒绝交货款。

In such case, we may refuse to pay for the goods.

Wèile wǒmen de yǒuhǎo hézuò, wǒmen kěyǐ bāngzhù nǐmen zhǎo bǎoxiǎn gōngsī lái péicháng sǔnshī.
B：为了我们的友好合作，我们可以帮助你们找保险公司来赔偿损失。

For the sake of our friendly cooperation, we could help you ask the insurance company to pay for the losses.

Xīwàng zhè cì shìgù bú huì yǐngxiǎng wǒmen de guānxi.
A：希望这次事故不会影响我们的关系。

I hope that this accident will not affect our relationship.

Wǒmen bú huì ràng nǐmen shīwàng de.
B：我们不会让你们失望的。

We will not let you down.

二

Bǎoxiǎn gōngsī de péikuǎn nǐmen nádàole ba?

A：保险公司的赔款你们拿到了吧？

You have got the reparation from the insurance company, haven't you?

Yǐjīng nádàole, duì nǐmen de hézuò wǒmen hěn mǎnyì.

B：已经拿到了，对你们的合作我们很满意。

Yes, we have. We are very satisfied with your cooperation.

Wǒmen gōngsī juédìng, duì shàng cì diūshī de gōngyì-

A：我们公司决定，对上次丢失的工艺

pǐn, wǒmen zài bǔ gěi nǐmen yìxiē.
品，我们再补给你们一些。

Our company has decided to give you more handicrafts to recover the loss.

Shì miǎnfèi de ma?
B：是免费的吗？

Are they free?

Duì, wánquán shì wèile jiǎnshǎo nǐmen de sǔnshī.
A：对，完全是为了减少你们的损失。

Yes, we do this just for reducing your loss.

Rúguǒ zhēn de shì zhèyàng, wǒmen shífēn gǎnxiè!
B：如果真的是这样，我们十分感谢！

If it is true, we really appreciate it very much!

Xīwàng wǒmen de hézuò huì jìxù xiaqu.
A：希望我们的合作会继续下去。

I hope our cooperation could continue.

Wǒmen shì lǎo péngyou le, wǒmen jiāng jìxù gòumǎi
B：我们是老朋友了，我们将继续购买

nǐmen de chǎnpǐn.
你们的产品。

We are old friends and we will keep on purchasing your products.

Duō xiè nǐmen de zhīchí!
A：多谢你们的支持！

Thank you for your support.

New Words

1.	商务	shāngwù	(名)	business
2.	目的	mùdì	(名)	purpose, intention
3.	商谈	shāngtán	(动)	negotiate
4.	如何	rúhé	(代)	how
5.	丢失	diūshī	(动)	lose
6.	事故	shìgù	(名)	accident
7.	责任	zérèn	(名)	responsibility
8.	运输	yùnshū	(动)	transport
9.	发生	fāshēng	(动)	happen
10.	出口商	chūkǒushāng	(名)	exporter
	出口	chū//kǒu	(动)	export
11.	表示	biǎoshì	(动)	express
12.	遗憾	yíhàn	(动)	regret
13.	赔偿	péicháng	(动)	compensate for
14.	按照	ànzhào	(介)	according to
15.	船只	chuánzhī	(名)	ship
	船	chuán	(名)	ship
16.	规定	guīdìng	(名、动)	stipulation; stipulate
17.	比较	bǐjiào	(动、副)	compare; fairly

18. 拒绝	jùjué	（动）	refuse
19. 友好	yǒuhǎo	（形）	friendly
20. 失望	shīwàng	（动）	disappoint
21. 赔款	péikuǎn	（名、动）	reparation; compensate
22. 拿	ná	（动）	take
23. 工艺品	gōngyìpǐn	（名）	craftwork
24. 减少	jiǎnshǎo	（动）	reduce
25. 十分	shífēn	（副）	very
26. 感谢	gǎnxiè	（动）	thank
27. 将	jiāng	（副）	will
28. 支持	zhīchí	（动）	support

Annotations

1. 如何 *rúhé*

The interogative pronoun "rúhé" indicates how to do something. It is mostly used in the written Chinese. For example:

在中国生活如何？

How's your life in China?

如何解决汉语的发音问题？

How to solve the problem of pronunciation of Chinese?

如何办理留学？

How to handle the formalities of studying abroad?

2. 对 *duì*

"Duì" is used as a preposition to indicate the object or matter. For example:

对这次事故，我们表示遗憾。

We are sorry about this accident.

我对你们的这种做法不满意。

I am not satisfied with your way of doing things.

对刚才讲到的问题，我们还要再研究一下。

We will have further discussion about the problem just mentioned.

3. 继续下去 *jìxù xiaqu*

"Xiàqu" acts as a complement after the verb to indicate that the action will continue. For example:

你说下去，我们都关心着结果呢。

Go on with your talk, we are all concerned about the results.

这个电影太没有意思了，我看不下去了。

This film is quite boring and I can't see it any more.

我要在中国学习下去，也可能生活下去。

I will continue to study in China and probably I will live there.

4. 将 *jiāng*

It is the same as "jiāng yào" which indicates something is about to happen and it is mostly used in the written Chinese. For example:

我们将继续合作。

We will keep on our cooperation.

保险公司将赔偿你们的损失。

The insurance company will pay for your loss.

Exercises

一 完成句子 Complete the following sentences.

1. 今天我们来的目的是(　　　　　　　　)。
2. 按照合同规定,(　　　　　　　　)。
3. 我们合作得很好,我们将(　　　　　　　　)。

二 连线搭配 Connect a pair of given words to make phrases.

发生	合同	购买	规定
商谈	货物	拒绝	付款
运输	事故	按照	产品

三 选词填空 Fill in the following blanks with the given words.

责任　　遗憾　　感谢　　如何　　拒绝

1. 保险公司(　　)赔偿他们公司的损失。

2. 我们十分(　　　)你们的支持。

3. 我们正在考虑(　　)运输我们的货物。

4. 很(　　　),他们这次合作没有成功。

5. 这次事故是谁的(　　　)?

Supplementary Words

1. 按时	ànshí	(副)	on schedule
2. 态度	tàidù	(名)	attitude
3. 积极	jījí	(形)	active
4. 配合	pèihé	(动)	cooperate
5. 协助	xiézhù	(动)	assist
6. 进口商	jìnkǒushāng	(名)	importer
7. 索赔	suǒpéi	(动)	claim compensation against
8. 理赔	lǐpéi	(动)	settle claims
9. 未来	wèilái	(形、名)	future; future

Related Sentences

1. 我们没有按时收到货物。

   Wǒmen méiyou ànshí shōudào huòwù.

   We fail to receive the cargos on time.

2. 我们对你们的态度很失望。

   Wǒmen duì nǐmen de tàidù hěn shīwàng.

   We are disappointed with your attitude.

3. 谢谢你们的友好配合。

   Xièxie nǐmen de yǒuhǎo pèihé.

   Thank you for your friendly cooperation.

4. 我们将协助你们跟保险公司商谈。

   Wǒmen jiāng xiézhù nǐmen gēn bǎoxiǎn gōngsī shāngtán.

   We will help you to discuss with the insurance company.

5. 你们提出的索赔我们拒绝接受。

   Nǐmen tíchū de suǒpéi wǒmen jùjué jiēshòu.

   We refuse to accept your claim.

6. 保险公司会及时理赔的。

   Bǎoxiǎn gōngsī huì jíshí lǐpéi de.

   The insurance company will settle claims in time.

7. 我们合作的未来一定是美好的。

   Wǒmen hézuò de wèilái yídìng shì měihǎo de.

   The future of our cooperation will be fine.

8. 互相配合才会使我们两家公司共同发展。

   Hùxiāng pèihé cái huì shǐ wǒmen liǎng jiā gōngsī gòngtóng fāzhǎn.

   It is cooperation and coordination with each other that make the two companies develop together.

Dì Shísān Kè Shuāngfāng Bìxū Lǚxíng Hétong

第 13 课 双方必须履行合同

Lesson Thirteen Both parties must carry out the contract

Sentence Patterns

Duì hétong de tiáokuǎn nǐmen hái yǒu méiyǒu wèntí?

1. 对合同的条款你们还有没有问题？

Do you have any questions about the provisions of this contract?

Wǒmen xiǎng bǔchōng liǎng diǎn, kàn nǐmen shìfǒu tóngyì xiūgǎi.

2. 我们想补充两点，看你们是否同意修改。

We want to add two points and to see whether you agree to modify them or not.

Wǒmen méiyǒu rènhé yìjiàn.

3. 我们没有任何意见。

We don't have any opinions.

Zhè liǎng ge yāoqiú wǒmen dōu kěyǐ mǎnzú nǐmen.

4. 这两个要求我们都可以满足你们。

We can meet your two requests.

Wǒmen huì hěn zhēnxī zhè cì hézuò de jīhui.
5. 我们会很珍惜这次合作的机会。

We will treasure this chance of cooperation very much.

Wǒmen gōngsī de xìnyù yìzhí shì liánghǎo de.
6. 我们公司的信誉一直是良好的。

Our company enjoys high prestige all the time.

Nǐ hěn yōumò.
7. 你很幽默。

You are very humorous.

Zhè cì bú shì jiéshù, zhǐ shì yí ge hǎo de kāishǐ.
8. 这次不是结束，只是一个好的开始。

This cooperation is not an end but a good beginning.

Hǎo de kāishǐ shì chénggōng de yíbàn.
9. 好的开始是成功的一半。

A good beginning is half done.

Dialogues

Jiù yào qiāndìng hétong le, wǒ juéde hézuò kuài yào chénggōng le.
A：就要签订合同了，我觉得合作快要成功了。

We will sign the contract soon. I feel that this cooperation will be successful.

Wǒmen yě hěn xīngfèn.
B：我们也很兴奋。

We are also very excited.

Duì hétong de tiáokuǎn nǐmen hái yǒu méiyǒu wèntí?
A：对合同的条款你们还有没有问题？

Do you have any questions about the provisions of this contract?

Zhè xiē tiáokuǎn dōu shì jīngguò wǒmen fǎnfù tǎolùn de, wǒmen méiyǒu rènhé yìjiàn.
B：这些条款都是经过我们反复讨论的，我们没有任何意见。

These provisions have been discussed by us over and over again and we don't have any opinions about it.

Wǒmen xiǎng bǔchōng liǎng diǎn, kàn nǐmen shìfǒu tóngyì xiūgǎi.
A：我们想补充两点，看你们是否同意修改。

We want to add two points and to see whether you agree to modify them or not.

Nǎ liǎng diǎn ne?
B：哪两点呢？

Which two points?

Guānyú hǎiguān de shāngpǐn jiǎnyàn, wǒmen kěyǐ zhǎo mínjiān jīgòu ma?
A：关于海关的商品检验，我们可以找民间机构吗？

In terms of the commodity inspection at the customs, can we find a nongovernmental institution?

Yīnggāi méi wèntí, dànshì bìxū shì yǒu guójì yǐngxiǎng de jīgòu.
B：应该没问题，但是必须是有国际影响的机构。

It should be no problem but it must be an institution with international credit.

Dāngrán. Guānyú shāngpǐn de bāozhuāng, nǐmen néng bu néng shǐyòng wǒmen liánsuǒdiàn de shāngbiāo?
A：当然。关于商品的包装，你们能不能使用我们连锁店的商标？

Of course. Can you use the trademark of our chain stores concerning the commodity package?

Nǐ shì shuō shǐyòng dìngpái bāozhuāng?
B：你是说使用定牌包装？

Do you mean to use the package of nominated brand?

Nín shuō de wánquán zhèngquè, zhè yě shì wèile tígāo wǒmen pǐnpái de shēngyù.
A：您说得完全正确，这也是为了提高我们品牌的声誉。

Exactly, this is also for improving the reputation of our brand.

Zhè liǎng ge yāoqiú wǒmen dōu kěyǐ mǎnzú nǐmen.
B：这两个要求我们都可以满足你们。

We can meet your two requests.

Wǒ xiànzài suǒyǒu de dānxīn dōu méiyǒu le.
A：我现在所有的担心都没有了。

All my worries have gone.

Hěn gāoxìng, wǒmen zhōngyú qiāndìng le zhè xiàng màoyì hétong.
A：很高兴，我们终于签订了这项贸易合同。

I am so glad that we sign this trade contract eventually.

Wǒmen huì hěn zhēnxī zhè cì hézuò de jīhui.
B：我们会很珍惜这次合作的机会。

We will treasure this chance of cooperation very much.

Zhè shì shuāngfāng gòngtóng de yuànwàng.
A：这 是 双 方 共 同 的 愿 望。

This is the common wish of both sides.

Wǒ zài bǔchōng yì diǎn, jiù shì wǒmen shuāngfāng bìxū
B：我 再 补 充 一 点，就 是 我 们 双 方 必 须
yào lǚxíng hétong.
要 履 行 合 同。

I want to add one point that both sides must carry out the contract.

Wǒmen gōngsī de xìnyù yìzhí shì liánghǎo de.
A：我 们 公 司 的 信 誉 一 直 是 良 好 的。

Our company enjoys high prestige all the time.

Wǒmen de biǎoxiàn yě yìzhí shì xìnshǒu hétong de.
B：我 们 的 表 现 也 一 直 是 信 守 合 同 的。

We always abide by the contract.

Kěshì zài wánměi de hétong yě huì yǒu wèntí, wàn-

A：可是再完美的合同也会有问题，万

yī chūxiàn wèntí ne?

一出现问题呢？

But even a perfect contract has problems. What if a problem arises?

Hétong zhōng méiyǒu wànyī, érqiě duì "wànyī" wǒmen

B：合同中没有万一，而且对"万一"我们

yě yǒu tiáokuǎn guīdìng.

也有条款规定。

There isn't any "what if" in the contract. Even so, we have stipulations against the "what if".

Nǐ hěn yōumò. Zhè cì zhǐ shì yí ge hǎo de kāishǐ.

A：你很幽默。这次只是一个好的开始。

You are very humorous. This cooperation is just a good beginning.

Wǒ yě shì zhème xiǎng, hǎo de kāishǐ shì chénggōng de

B：我也是这么想，好的开始是成功的

yíbàn.

一半。

I also think so. A good beginning is half done.

New Words

1. 兴奋	xīngfèn	(形)	excited
2. 条款	tiáokuǎn	(名)	provision
3. 经过	jīngguò	(动)	go through
4. 反复	fǎnfù	(副)	over and over again
5. 任何	rènhé	(代)	any
6. 意见	yìjiàn	(名)	opinion
7. 补充	bǔchōng	(动)	supplement
8. 是否	shìfǒu	(副)	if
9. 修改	xiūgǎi	(动)	modify
10. 海关	hǎiguān	(名)	customs
11. 商品	shāngpǐn	(名)	commodity
12. 检验	jiǎnyàn	(动)	inspect
13. 民间	mínjiān	(名)	nongovernment
14. 必须	bìxū	(副)	must
15. 包装	bāozhuāng	(动、名)	pack; package
16. 连锁店	liánsuǒdiàn	(名)	chain store
17. 商标	shāngbiāo	(名)	brand
18. 定牌包装	dìngpái bāozhuāng		package of nominated brand
(贸易术语)	(màoyì shùyǔ)		(trade terminology)

19. 声誉	shēngyù	(名)	reputation
20. 满足	mǎnzú	(动)	satisfy
21. 所有	suǒyǒu	(形)	all
22. 珍惜	zhēnxī	(动)	treasure
23. 共同	gòngtóng	(形、副)	common; coommonly
24. 愿望	yuànwàng	(名)	wish
25. 履行	lǚxíng	(动)	carry out
26. 信誉	xìnyù	(名)	credit
27. 表现	biǎoxiàn	(动、名)	behave; behavior
28. 完美	wánměi	(形)	perfect
29. 万一	wànyī	(连、名)	in case; very small percentage
30. 幽默	yōumò	(形)	humorous

Annotations

1. 任何 *rènhé*

"Rènhé" indicates whatsoever. When it modifies a noun, "de" is usually omitted. For example:

在任何条件下,我都会支持你。

I will be on your side under any circumstances.

他说了,他不见任何人。

He said he would not see anybody.

我们将帮助你解决任何困难。

We will help you solve any difficulty.

2. 是否 *shìfǒu*

It is used in written Chinese, meaning "whether of not". For example:

他是否也来参加我们的表演?

Does he also take part in our performance?

这次合作是否能成功呢?

Can this cooperation be successful?

我不知道他是否同意我的意见。

I don't know whether he will agree to my ideas.

3. 万一 *wànyī*

It indicates something, especially something unpleasant, that may happen. For example:

万一发生事故,就会给我们带来很大的损失。

What if an accident happens, it will bring us a very big loss.

明天万一下雨,我们还去不去?

Should we go or not if by any chance it rains tomorrow?

万一他不同意呢?

What if he doesn't agree?

Exercises

一 完成句子 Complete the following sentences.

1. 对合同的条款我们(　　　　　　　　)。
2. 我再补充一点，就是(　　　　　　　　)。
3. 这个计划是完美的，可是万一(　　　　　　　　)呢？
4. 很高兴，我们终于(　　　　　　　　)。

二 连线搭配 Connect a pair of given words to make phrases.

修改	良好	满足	问题
珍惜	条款	提高	要求
信誉	商品	履行	声誉
检验	机会	出现	合同

三 选词填空 Fill in the blanks with the proper words.

信誉　　万一　　任何　　反复　　是否

我们(　　)研究了这个问题，拿出了解决办法，不过还要看你们(　　)接受。(　　)还有问题，我们再认真讨论。只要我们真诚合作，(　　)困难都不会影响我们的合作。请相信我们，我们的(　　)是非常好的。

Supplementary Words

1. 违约	wéi//yuē	(动)	break a contract
2. 报关	bào//guān	(动)	declare at customs
3. 程序	chéngxù	(名)	procedure
4. 纠纷	jiūfēn	(名)	dissension
5. 仲裁	zhòngcái	(动)	arbitrate
6. 国际惯例	guójì guànlì		international practice
7. 调解	tiáojiě	(动)	mediate
8. 官方	guānfāng	(名)	authority
9. 无效	wúxiào	(动)	be invalid
10. 资信调查 (贸易术语)	zīxìn diàochá (màoyìshùyǔ)		credit investigation (trade terminology)

Related Sentences

1. 如果发生违约问题,我们将按照违约条款处理。

   Rúguǒ fāshēng wéiyuē wèntí, wǒmen jiāng ànzhào wéiyuē tiáokuǎn chǔlǐ.

   If there is a break with the contract, we will deal with it according to the provisions concerning violation in the contract.

2. 你们能不能缩减商品报关的时间?

Nǐmen néng bu néng suōjiǎn shāngpǐn bàoguān de shíjiān?

Can't you reduce the time of declaring at customs?

3. 海关的报关程序是很复杂的。

Hǎiguān de bàoguān chéngxù shì hěn fùzá de.

The customs procedures are very complicated.

4. 如果发生贸易纠纷,我们就按照国际惯例来解决。

Rúguǒ fāshēng màoyì jiūfēn, wǒmen jiù ànzhào guójì guànlì lái jiějué.

If trade dispute happens, we will solve it according to the international practice.

5. 如果调解无效,我们可以进行仲裁。

Rúguǒ tiáojiě wúxiào, wǒmen kěyǐ jìnxíng zhòngcái.

If the intermediation is invalid, we can go to arbitration.

6. 应该在遵守合同的基础上解决贸易纠纷。

Yīnggāi zài zūnshǒu hétong de jīchǔ shang jiějué màoyì jiūfēn.

We should solve the trade dispute on the basis of obeying the contract.

7. 我们的商品检验想在中国进行。

Wǒmen de shāngpǐn jiǎnyàn xiǎng zài Zhōngguó jìnxíng.

We want to make the commodity inspection in China.

8. 我们相信官方机构的检验结果。

Wǒmen xiāngxìn guānfāng jīgòu de jiǎnyàn jiéguǒ.

We believe the result of official checkout.

9. 我们对资信调查的结果很满意。

Wǒmen duì zīxìn diàochá de jiéguǒ hěn mǎnyì.

We are very satisfied with the result of the credit investigation.

Dì Shísì Kè Cānjiā Běijīng Guójì Qìchē Bólǎnhuì

第 14 课 参加北京国际汽车博览会

Lesson Fourteen Participating the Beijing International Automobile Expo

Sentence Patterns

Hǎojiǔ bú jiàn!
1. 好 久 不 见!

Long time no see!

Méi xiǎngdào zài bólǎnhuì shang huì yùdào nǐ.
2. 没 想 到 在 博 览 会 上 会 遇 到 你。

Fancy meeting you in the expo.

Zěnme huì shǎole nǐmen ne?
3. 怎 么 会 少 了 你 们 呢?

How can it be going without you?

Běijīng Shì zhèngfǔ duì zhè cì bólǎnhuì fēicháng zhòngshì.
4. 北 京 市 政 府 对 这 次 博 览 会 非 常 重 视。

Beijing municipal government attaches great importance to the expo this time.

Jīnnián de chǎngguǎn hǎoxiàng méiyǒu qùnián de dà.
5. 今 年 的 场 馆 好 像 没 有 去 年 的 大。

The venue of this year is not as big as that of last year.

Zhège huì bùjǐn duì wǒmen zhòngyào, wǒ xiǎng zhīmíng de qìchē qǐyè dōu shì yǒu bèi ér lái.

6. 这个会不仅对我们重要，我想知名的汽车企业都是有备而来。

This expo is not only important to us. I think that the famous automobile corporations are also coming with good preparations.

Zhè cì bólǎnhuì zuì dà de míngxīng shì Běijīng Shì shìzhǎng.

7. 这次博览会最大的明星是北京市市长。

The biggest star of this expo is the mayor of Beijing.

Dialogues

Zhāng xiānsheng, méi xiǎngdào zài bólǎnhuì shang huì yùdào nǐ.

A：张先生，没想到在博览会上会遇到你。

Mr. Zhang, fancy meeting you at the expo.

Hǎojiǔ bú jiàn, dànshì wǒ cāi nǐ yídìng huì lái de.

B：好久不见，但是我猜你一定会来的。

Long time no see. I guess that you will come for sure.

Nǐ zěnme zhīdao?
A：你怎么知道？

How do you know?

Guīmó zhème dà de guójì qìchē bólǎnhuì, zěnme huì shǎole nǐmen Měiguó Tōngyòng Qìchē Gōngsī ne? Wǒ zǎo jiù kàndào nǐmen de zhǎnwèi le.
B：规模这么大的国际汽车博览会，怎么会少了你们美国通用汽车公司呢？我早就看到你们的展位了。

How could it be without your American General Motors Corporation in such a big international automobile expo? I saw your display booths long ago.

Nàxiē zhǎnwèi zǎo jiù bèi wǒmen yùdìng le.
A：那些展位早就被我们预订了。

These display booths have been reserved by us quite a while ago.

Nǐmen hé Déguó Dàzhòng yīnggāi shì zuì zǎo bèi zhǔbànfāng yāoqǐng de guówài qǐyè ba?
B：你们和德国大众应该是最早被主办方邀请的国外企业吧？

You and the German Volkswagen must be the earliest foreign enterprises that have been invited by the host.

Shì a, Běijīng Shì zhèngfǔ hé Zhōngguó Qìchē Gōngyè Xiéhuì duì zhè cì bólǎnhuì fēicháng zhòngshì.
A：是啊，北京市政府和中国汽车工业协会对这次博览会非常重视。

Yes. Beijing municipal government and the China Association of Automobile Manufacturers attach great importance to this expo.

Jīnnián de chǎngguǎn hǎoxiàng méiyǒu qùnián de dà.
B：今年的场馆好像没有去年的大。

The venue of this year is not as big as that of last year.

Dànshì qìchē chǎnpǐn hé jìshù què bǐ qùnián de fēngfù.
A：但是汽车产品和技术却比去年的丰富。

But the auto products and technologies are richer than those of last year.

Jīnnián de zhǔtí jiù shì "Qìchē Jìshù Yǔ Huánjìng
B：今年的主题就是"汽车技术与环境

Bǎohù", suǒyǐ zhǎnshì de jìshù dōu shì yīliú de.
保护"，所以展示的技术都是一流的。

The theme of this year is "Auto Technology and Environmental Protection". The technologies demonstrated in this expo are all first-rate.

Wǒmen dào nàbiān kànkan.
A：我们到那边看看。

Let's take a look over there.

Dàwèi, nǐ zhè liǎng tiān yǒu shénme ānpái?
A：大卫，你这两天有什么安排？

David, do you have any arrangements these two days?

Zhè cì zhǔbànfāng ānpáile hěn duō huódòng, wǒ xià-
B：这次主办方安排了很多活动，我下

wǔ yào cānjiā yí ge "Zhōngguó Shíyòng Jiàochē Fāzhǎn
午要参加一个"中国实用轿车发展

Yántǎohuì".
研讨会"。

The sponsor has held many activities this time. I will attend the "Seminar on China Practical Saloon Car's Development" in the afternoon.

Nǐmen méiyǒu tóuzī xiàngmù ma?
A：你们没有投资项目吗？

Don't you have any investment project?

Míngtiān yǒu yí ge "Qìchē Xiàngmù Zhāoshāng Yǐnzī Qiàtánhuì", ránhòu hái yǒu yí ge gèng zhòngyào de huìyì.
B：明天有一个"汽车项目招商引资洽谈会"，然后还有一个更重要的会议。

Tomorrow there will be an "Automobile Consulting Conference on Attracting Foreign Investments" and then there is another more important meeting.

Yídìng shì "Qìchē Chǎnpǐn Zhèngfǔ Cǎigòuhuì".
A：一定是"汽车产品政府采购会"。

It must be "Government Purchasing Conference on Auto Products".

Zhège huì bùjǐn duì wǒmen gōngsī hěn zhòngyào, wǒ
B：这个会不仅对我们公司很重要，我
xiǎng zhīmíng de qìchē qǐyè dōu huì yǒu bèi ér lái.
想知名的汽车企业都会有备而来。

This meeting is not only important to our company. I think that the famous auto companies will also come with good preparations.

Nà wǒmen zhǐ néng wǎnshang de zhèngfǔ zhāodài jiǔhuì
A：那我们只能晚上的政府招待酒会
shang jiàn le.
上见了。

Then we can only meet at the government reception in the evening.

Wǒ hái xiǎng kàn bólǎnhuì kāimùshì de wényì wǎn-
B：我还想看博览会开幕式的文艺晚
huì ne.
会呢。

I also want to see the evening performance on the opening ceremony of the expo.

Wǎnhuì shang yǒu nǐ xǐhuan de míngxīng?
A：晚会上有你喜欢的明星？

Are there any stars you like at the evening performance?

Zhè cì bólǎnhuì zuì dà de míngxīng shì Běijīng Shì
B：这次博览会最大的明星是北京市
shìzhǎng.
市长。

The biggest star of this expo is the mayor of Beijing.

New Words

1. 博览会	bólǎnhuì	（名）	expo
2. 遇	yù	（动）	meet
3. 好久	hǎojiǔ	（形）	long time
4. 汽车	qìchē	（名）	automobile
5. 展位	zhǎnwèi	（名）	display booth
6. 被	bèi	（介）	by
7. 主办方	zhǔbànfāng	（名）	sponsor
主办	zhǔbàn	（动）	host
8. 邀请	yāoqǐng	（动）	invite
9. 政府	zhèngfǔ	（名）	government
10. 工业	gōngyè	（名）	industry
11. 协会	xiéhuì	（名）	association
12. 场馆	chǎngguǎn	（名）	venue
13. 技术	jìshù	（名）	technology
14. 却	què	（副）	but
15. 主题	zhǔtí	（名）	theme
16. 保护	bǎohù	（动）	protect
17. 展示	zhǎnshì	（动）	exhibit
18. 一流	yīliú	（形）	first-rate
19. 实用	shíyòng	（形）	practical

20. 轿车	jiàochē	（名）	saloon car
21. 研讨会	yántǎohuì	（名）	seminar
22. 投资	tóuzī	（动）	invest
23. 招商	zhāoshāng	（动）	invite outside investments
24. 引资	yǐnzī	（动）	import outside investments
25. 更	gèng	（副）	more
26. 采购	cǎigòu	（动）	purchase
27. 不仅	bùjǐn	（副）	not only
28. 知名	zhīmíng	（形）	famous
29. 有备而来	yǒu bèi ér lái		come here with good preparations
30. 招待	zhāodài	（动）	entertain
31. 酒会	jiǔhuì	（名）	party
32. 开幕式	kāimùshì	（名）	opening ceremony
开幕	kāimù	（动）	open
33. 文艺	wényì	（名）	literature and art
34. 明星	míngxīng	（名）	star
35. 市长	shìzhǎng	（名）	mayor

Proper Nouns

1. 美国通用汽车公司	Měiguó Tōngyòng Qìchē Gōngsī	General Motors Corporation
2. 德国大众汽车公司	Déguó Dàzhòng Qìchē Gōngsī	German Volkswagen Corporation

Annotations

1. 怎么会/能……呢？ *Zěnme huì / néng……ne?*

It is a structure to form a rhetorical question to strengthen the negative tone. For example:

我怎么会说那样的话呢？ (我不会说那样的话。)

How can I speak like that?

你怎么能跟她结婚呢？ (你不应该跟她结婚。)

How can you marry her?

怎么会没有你们公司的展位呢？ (一定有你们公司的展位。)

How could it be without your company's display booths?

2. 被 *bèi*

The preposition "bèi" is used in passive sentence. It is directly

followed by the agent of the action. The subject is the recipient of the action. There are always the complements to indicate the result after the verb. For example:

我的汉语书被朋友借走了。

My Chinese book was borrowed by my friend.

我刚走就被他叫回来了。

I was called back by him just after I left.

3. 没有去年的大 *méiyǒu qùnián de dà*

The structure "A méiyǒu B +adjective" or "A bùrú B" forms comparative sentences. For example:

我没有我哥哥高。

I am not as tall as my elder brother.

这种汽车没有那种好。

This kind of car is not as good as that one.

我的汉语水平不如他。

My Chinese level is not as good as his.

4. 不仅 *bùjǐn*

"Bùjǐn…… érqiě……" forms a compound sentence, with the second clause being emphasized. For example:

公司不仅要卖产品,而且还要卖服务。

The company will sell not only the products but also the services.

健康不仅是说身体好,而且道德也要好。

Health means not only a good body but also good morals.

这次博览会不仅展品丰富，而且为参展商准备的活动也很多。

There are not only plentiful exhibits but also many activities prepared for the exhibitors to take part in the expo.

Exercises

一 完成句子 Complete the following sentences.

1. 明天我们要去看博览会，然后(　　　　　　　)。
2. 这次博览会不仅邀请了很多中国企业，而且(　　　　　　　)。
3. 李小姐，没想到(　　　　　　　)。
4. 今年博览会的主题是(　　　　　　　)。

二 选择填空 Choose the correct answers.

1. 政府对这次活动非常(　　)。

　A 主要　　B 重要　　C 重视　　D 安排

2. 这些知名企业都(　　)邀请来参加博览会了。

　A 把　　B 跟　　C 和　　D 被

3. 这家企业的技术力量(　　　　)。

　A 比我们不好　　B 没有比我们好　　C 没有我们好

三 选词填空 Fill in the following blanks with the proper words.

有备而来　　一流　　不仅　　投资　　实用

1. 他(　　)汉语说得好，而且法语也说得很好。

2. 这种汽车使用了(　　)的技术。
3. 这样的技术在这里没有市场,不(　　)。
4. 这次洽谈会双方都是(　　　　)。
5. 欢迎国外知名企业来中国(　　),来中国发展。

Supplementary Words

1. 电子	diànzǐ	(名)	electron
2. 传播	chuánbō	(动)	spread
3. 参展商	cānzhǎnshāng	(名)	exhibitor
4. 组织	zǔzhī	(动、名)	organize; organization
5. 宣传	xuānchuán	(动)	publicize
6. 届	jiè	(量)	*measure word*
7. 新闻	xīnwén	(名)	news
8. 各界	gè jiè		all circles
9. 发布会	fābùhuì	(名)	briefing
10. 展览	zhǎnlǎn	(动)	exhibit
11. 模特儿	mótèr	(名)	model
12. 大赛	dàsài	(名)	major contest

Related Sentences

1. 欢迎来到深圳电子传播国际博览会。

Huānyíng láidào Shēnzhèn Diànzǐ Chuánbō Guójì Bólǎnhuì.

Welcome to Shenzhen International Electronic Transmission Expo.

2. 博览会的有关部门还会组织参展商进行观光活动。

Bólǎnhuì de yǒuguān bùmén hái huì zǔzhī cānzhǎnshāng jìnxíng guānguāng huódòng.

The related departments of the expo will also organize the exhibitors to take part in the sightseeing activities.

3. 各界媒体都很关注本届博览会。

Gè jiè méitǐ dōu hěn guānzhù běn jiè bólǎnhuì.

All media pay special attention to this expo.

4. 主办方将召开隆重的新闻发布会。

Zhǔbànfāng jiāng zhàokāi lóngzhòng de xīnwén fābùhuì.

The sponsor will hold a grand press conference.

5. 各界专家和媒体都在聚焦这次博览会。

Gè jiè zhuānjiā hé méitǐ dōu zài jùjiāo zhè cì bólǎnhuì.

Experts and media of every circle focus on this expo.

6. 组委会将分展前、展中、展后三个阶段，对汽博会进行宣传报道。

Zǔwěihuì jiāng fēn zhǎnqián、zhǎnzhōng、zhǎnhòu sān ge jiēduàn, duì qìbóhuì jìnxíng xuānchuán bàodào.

The organizing committee will publicize the car expo before, during and after it.

7. 会展中心为参展商、参会人员和观众提供了优质的服务。

Huìzhǎn zhōngxīn wèi cānzhǎnshāng、cān huì rényuán hé guānzhòng tígōngle yōuzhì de fúwù.

The exhibition center provides quality service to the exhibitors, working staff and audience.

8. 国际会展中心是展览、酒店、娱乐、商务一体的现代化场馆。

Guójì Huìzhǎn Zhōngxīn shì zhǎnlǎn、jiǔdiàn、yúlè、shāngwù yìtǐ de xiàndàihuà chǎngguǎn.

The International Expo Center is a modern venue with the integration of hotel, entertainment and business.

9. 主办者还举办了中国汽车模特儿大赛。

Zhǔbànzhě hái jǔbànle Zhōngguó Qìchē Mótèr Dàsài.

The sponsor also holds a China Major Automobile Models Contest.

Dì Shíwǔ Kè Bú Zuì Bù Guī

第 15 课 不醉不归

Lesson Fifteen Drinking myself silly

Sentence Patterns

Zhè diǎnr xiǎo lǐwù, qǐng shōuxià zuò ge jìniàn.
1. 这点儿小礼物，请收下做个纪念。

This is a small gift. Please take it as a souvenir.

Gēn Zhōngguó tóngshì zài yìqǐ, wǒ tèbié yúkuài.
2. 跟中国同事在一起，我特别愉快。

I am very happy with my Chinese colleagues.

Nǐ gāng lái de shíhou, lián “nǐ hǎo” dōu shuō bu hǎo, xiànzài yǐjīng kěyǐ yòng Hànyǔ jìnxíng shāngwù tánpàn le.
3. 你刚来的时候，连“你好”都说不好，现在已经可以用汉语进行商务谈判了。

When you just came here, you couldn't even speak “ni hao”, but now you can do business negotiations in Chinese.

Lián wǒ zìjǐ yě bù néng xiāngxìn wǒ kěyǐ liúlì de shuō Hànyǔ.
4. 连我自己也不能相信我可以流利地说汉语。

I can hardly believe myself that I could speak Chinese fluently.

Wǒ hěn jīdòng, bù zhīdao shuō shénme hǎo.
5. 我很激动，不知道说什么好。

I am so touched. I don't know what to say.

Wǒ hái huì huílai de, nǐmen děngzhe wǒ ba!
6. 我还会回来的，你们等着我吧！

I will be back Please wait for me.

Lái, gān yì bēi! Jīntiān bú zuì bù guī!
7. 来，干一杯！今天不醉不归！

Cheers! Let's drink ourselves silly!

Dialogues

Dàwèi, zhè shì yìdiǎnr xiǎo lǐwù, qǐng nǐ shōuxià zuò ge jìniàn.
A：大卫，这是一点儿小礼物，请你收下做个纪念。

David, this is a small gift. Please take it as a souvenir.

Wǒmen dōu shì lǎo péngyou le, zhème guìzhòng de

B：我们都是老朋友了，这么贵重的

lǐwù, nòng de wǒ bù hǎo yìsi le.

礼物，弄得我不好意思了。

We are good friends and you make me feel embarrassed at receiving such a valuable present.

Wǒmen zài yìqǐ gōngzuò yì nián le, nǐ tūrán yào

A：我们在一起工作一年了，你突然要

zǒu, wǒ hái tǐng shāngxīn de.

走，我还挺伤心的。

We have been working together for one year. Your unexpected leave makes me really very sad.

Zhè shì gōngsī de ānpái, wǒ yě bú yuànyì zǒu, gēn

B：这是公司的安排，我也不愿意走，跟

Zhōngguó tóngshì zài yìqǐ wǒ tèbié yúkuài.
中国同事在一起我特别愉快。

This is the company's arrangement. I am not willing to go. I am very happy with my Chinese colleagues.

Nǐ gāng lái Běijīng shí, lián "nǐ hǎo" dōu shuō bu hǎo,
A：你刚来北京时，连"你好"都说不好，
xiànzài yǐjīng kěyǐ yòng Hànyǔ jìnxíng shāngwù tánpàn le.
现在已经可以用汉语进行商务谈判了。

When you just came to Beijing, you couldn't even speak "ni hao", but now you can do business negotiations in Chinese.

Nà dōu shì nǐmen de bāngzhù, wǒ zìjǐ yě xǐhuan
B：那都是你们的帮助，我自己也喜欢
gēn Zhōngguórén dǎ jiāodào.
跟中国人打交道。

It is just because of your help. I myself also like to work with Chinese people.

Nǐ xìnggé kāilǎng, nǔlì hào xué, wǒmen cóng nǐ shēn-
A：你性格开朗，努力好学，我们从你身
shang yě xuédàole bù shǎo.
上也学到了不少。

You have a cheerful disposition and study hard. We have learnt a lot from you.

Nǎli, lián wǒ zìjǐ yě bù néng xiāngxìn wǒ kěyǐ
B：哪里，连我自己也不能相信我可以
liúlì de shuō Hànyǔ.
流利地说汉语。

I am flattered. I can hardly believe myself that I could speak

Chinese fluently.

Wǎnshang tóngshìmen gěi nǐ kāi huānsònghuì, wǒmen zài
A：晚上同事们给你开欢送会，我们再
hǎohāor liáo, wǎnshang jiàn!
好好儿聊，晚上见！

Our colleagues will hold a farewell party for you tonight. Let's have a good chat well at that time. See you then.

Hǎo, wǎnshang jiàn!
B：好，晚上见！

OK. See you then!

二

Dàwèi, jīntiān wǒmen gōngsī de yuángōng wèi nǐ sòng-
A：大卫，今天我们公司的员工为你送
xíng, nǐ shuō jǐ jù ba!
行，你说几句吧！

David, today our company staff are seeing you off, please say something.

Wǒ hěn jīdòng, bù zhīdao shuō shénme hǎo.
B：我很激动，不知道说什么好。

I am so touched. I don't know what to say.

Suíbiàn shuō ba.
A：随便说吧。

Anything you like.

Wǒ shífēn gǎnxiè gè wèi péngyou duì wǒ de zhīchí
B：我十分感谢各位朋友对我的支持
hé bāngzhù, yì nián lái, wǒ shōuhuò hěn dà. Zài gōngzuò
和帮助，一年来，我收获很大。在工作
zhōng, yǒu bú duì de dìfang hái qǐng dàjiā yuánliàng.
中，有不对的地方还请大家原谅。
Wǒmen yǔyán bù tóng, fūsè bù tóng, dànshì wǒmen
我们语言不同，肤色不同，但是我们
dōu ài zìjǐ de zǔguó hé jiātíng, dōu ài zìjǐ
都爱自己的祖国和家庭，都爱自己
de gōngzuò, wǒmen dōu zhēnxī yǒuyì. Wǒ hái huì huí-
的工作，我们都珍惜友谊。我还会回
lai de, Zhōngguó fāzhǎn de nàme kuài, zài Zhōngguó
来的，中国发展得那么快，在中国
gōngzuò de jīhui hái hěn duō, nǐmen děngzhe wǒ ba!
工作的机会还很多，你们等着我吧！

I really appreciate the support and help that every one of you has given me. I have made rapid progress in this year. Please forgive me if there is anything wrong in my work. Though our languages and complexions are different, we all love our country, our family, our work and we all treasure our friendship. I will come back. China develops so fast and there are many work opportunities in China. Please wait for me.

Shuō de hǎo, lái, gān yì bēi!
A：说得好，来，干一杯！

Good speech. Cheers!

Wǒ xīn xuéle yí jù Hànyǔ, lái, bú zuì bù guī!
B：我新学了一句汉语，来，不醉不归！

I have learnt a new sentence. Let's drink ourselves silly!

New Words

1. 礼物	lǐwù	（名）	gift
2. 纪念	jìniàn	（名、动）	commemoration; commemorate
3. 贵重	guìzhòng	（形）	precious
4. 不好意思	bù hǎo yìsi		feel embarrassed

5. 突然	tūrán	(形)	sudden
6. 挺	tǐng	(副)	very
7. 伤心	shāng//xīn	(形)	sad
8. 同事	tóngshì	(名)	colleague
9. 连……也/都……	lián……yě/dōu……		even
10. 进行	jìnxíng	(动)	carry out
11. 打交道	dǎ jiāodào		contact with
12. 性格	xìnggé	(名)	character
13. 开朗	kāilǎng	(形)	open and frank
14. 努力	nǔlì	(形)	hardworking
15. 好学	hào xué		fond of learning
16. 欢送	huānsòng	(动)	bid farewell
17. 聊	liáo	(动)	chat
18. 员工	yuángōng	(名)	employee
19. 句	jù	(量)	*measure word*
20. 激动	jīdòng	(形)	touched
21. 随便	suíbiàn	(形)	free
22. 收获	shōuhuò	(动)	gain
23. 原谅	yuánliàng	(动)	forgive
24. 肤色	fūsè	(名)	complexion
25. 祖国	zǔguó	(名)	homeland
26. 不醉不归	bú zuì bù guī		drink myself silly
醉	zuì	(动)	be drunk

Annotations

1. 挺 tǐng

"Tǐng " is used in spoken Chinese and the degree is lower than "hěn". The particle "de" often comes after the verb or adjective modified by "tǐng". For example:

他挺能说话的。

He is quite talkative.

她挺漂亮的。

She is rather beautiful.

这里的商品挺便宜的。

The commodity is rather cheap here.

2. 连……也/都…… lián ……yě / dōu ……

The pattern " lián……yě(dōu)…… " meaning "even" introduces a case that is either of the lowest or highest degree of a scope. It is often followed by "gèng bié shuō……"(not to mention) to make a contrast.

Form of structures:

连 A 都不……,B 当然不……(更别说 B……)

连 A 都……,B 当然…… (更别说 B……)

For example:

来中国以前,他连一句汉语都不会。

Before he came to China, he couldn't speak even one Chinese sentence.

你连一个中国朋友也没有吗?

Don't you have only one Chinese friend?

连老师都不会,我当然不行了。

Even the teacher can't do that, I can't certainly.

他忙得连吃饭的时间都没有了,更别说娱乐了。

He was too busy to have a meal and not to mention entertainment.

他连这么难的文章都能理解,还用说那么简单的?

He can understand such a difficult article and not to mention that easy one.

3. 进行 jìnxíng

It indicates the activity is going on and generally speaking,it can't be followed by "zhe" and "guo". The verb which follows it is disyllabic. For example:

他们两家公司正在进行谈判。

Two companies are negotiating now.

这个项目已经进行了三个月了。

This project has been carried out for three months.

我们要对这个问题进行讨论。

We will have a discussion about this problem.

Exercises

一 完成这段话 Complete the paragraph.

我就要回国了，在中国的一年里，我（　　　　）。在学习中，我（　　　　　）；在生活中，我（　　　　）。我以后还会再来中国的。

二 选择填空 Complete the following sentences.

1. 这个小礼物请你（　　　　　）。

   A 收下纪念　B 收下做个纪念　C 纪念　D 纪念收下

2. 他（　）一句话也没说就走了。

   A 说　B 讲　C 都　D 连

3. 经过努力学习，他现在可以（　　）地说汉语了。

   A 很快　B 流利　C 突然　D 顺利

4. 他们明天要（　）重要的商务谈判。

   A 有　B 来　C 开　D 进行

5. 那个女孩子（　　　）地说："希望我们常见面。"

   A 有意思　B 没意思　C 好意思　D 不好意思

三 选词填空 Fill in the following blanks with the proper words.

贵重　开朗　送行　激动　原谅

1. 那件事情过去很久了，他还是不愿意（　　）她。
2. 看到表演这么精彩，观众们（　　）地站起来为演员鼓掌。

3. 今天我请客,就当做我们给你(　　)。
4. (　　)的人很少有伤心的时候。
5. 谢谢你,送我这么(　　)的礼物。

Supplementary Words

1. 敬意	jìngyì	(名)	respect
2. 告别	gàobié	(动)	bid farewell
3. 送行酒	sòngxíngjiǔ	(名)	farewell drink
4. 心意	xīnyì	(名)	regard
5. 保重	bǎozhòng	(动)	take care
6. 离别	líbié	(动)	leave
7. 暂时	zànshí	(名)	temporary

Related Sentences

1. 一点儿小意思,不成敬意,请收下。

   Yìdiǎnr xiǎo yìsi, bù chéng jìngyì, qǐng shōuxià.

   This is a small gift and it can hardly express my respect to you. Please accept it.

2. 您的心意我领了，但是礼物我不能收。

Nín de xīnyì wǒ lǐngle, dànshì lǐwù wǒ bù néng shōu.

I accept your regard but I can't accept your gift.

3. 千里送鹅毛，礼轻情义重。

Qiān lǐ sòng émáo, lǐ qīng qíngyì zhòng.

As the Chinese saying goes, "The present is trifling but the feeling is profound".

4. 天下没有不散的筵席。

Tiānxià méiyǒu bú sàn de yánxí.

There isn't an unending banquet in the world.

5. 一路保重！

Yílù bǎozhòng!

Take care of yourself on the journey.

6. 一路平安！

Yílù píng'ān!

Have a good trip!

7. 咱们后会有期！

Zánmen hòu huì yǒu qī!

See you later!

8. 祝你一切顺利！保持联系！

Zhù nǐ yíqiè shùnlì! Bǎochí liánxì!

Wish everything goes well with you! Keep in touch!

9. 我们的分别是暂时的，以后还会见面的。

Wǒmen de fēnbié shì zànshí de, yǐhòu hái huì jiànmiàn de.

Our separation is temporary and we will meet each other in the future.

生 词

New Words

(Including Supplementary Words)

A

安排	ānpái	(动)	arrange	L3
按摩	ànmó	(动)	massage	L6-S
按时	ànshí	(副)	on schedule	L12-S
按照	ànzhào	(介)	according to	L12

B

搬	bān	(动)	carry	L6
搬家	bān//jiā	(动)	move house	L7
办法	bànfǎ	(名)	method	L9
棒	bàng	(形)	excellent	L7
包括	bāokuò	(动)	include	L6
包装	bāozhuāng	(动、名)	pack; package	L13
保护	bǎohù	(动)	protect	L14
保龄球	bǎolíngqiú	(名)	bowling	L6
保险	bǎoxiǎn	(形、名)	safe; insurance	L11
保重	bǎozhòng	(动)	take care	L15-S
报关	bào//guān	(动)	declare at customs	L13-S

北方	běifāng	（名）	north	L1
被	bèi	（介）	by	L14
比	bǐ	（介）	than	L8
比较	bǐjiào	（动、副）	compare; fairly	L12
必须	bìxū	（副）	must	L13
避暑	bì//shǔ	（动）	avoid summer heat	L1-S
变	biàn	（动）	change	L1
变动	biàndòng	（动）	change	L9-S
变化	biànhuà	（动）	change	L1
表示	biǎoshì	（动）	express	L12
表现	biǎoxiàn	（动、名）	behave; behavior	L13
表演	biǎoyǎn	（动、名）	act; performance	L2
拨	bō	（动）	dial	L6
博览会	bólǎnhuì	（名）	expo	L14
不但……而且……	búdàn……érqiě……		not only... but also...	L8
不到长城非好汉	bú dào Chángchéng fēi hǎohàn		One who fails to reach the Greatwall can not be called a true man.	L4
不醉不归	bú zuì bù guī		drink myself silly	L15
补	bǔ	（动）	make up	L9
补充	bǔchōng	（动）	supplement	L13
不好意思	bù hǎo yìsi		feel embarrassed	L15
不仅	bùjǐn	（副）	not only	L14
不同	bù tóng		different	L1
部门	bùmén	（名）	department	L8

C

CBD			central business district	L7-S
猜	cāi	(动)	guess	L8
采购	cǎigòu	(动)	purchase	L14
参展商	cānzhǎnshāng	(名)	exhibitor	L14-S
餐	cān	(名)	meal	L6
草原	cǎoyuán	(名)	grassland	L4-S
差别	chābié	(名)	difference	L1
查	chá	(动)	check	L5
查询	cháxún	(动)	check	L3
产品	chǎnpǐn	(名)	product	L9
长	cháng	(形)	long	L4
长城	Chángchéng	(名)	Great Wall	L4
长途	chángtú	(名)	long-distance	L6
常/常常	cháng/chángcháng	(副)	often	L2
场馆	chǎngguǎn	(名)	venue	L14
唱	chàng	(动)	sing	L2
车位	chēwèi	(名)	parking slot	L7-S
成功	chénggōng	(动)	succeed	L10
成为	chéngwéi	(动)	become	L10
诚意	chéngyì	(名)	sincerity	L10
城墙	chéngqiáng	(名)	city wall	L4
城市	chéngshì	(名)	city	L1
乘坐	chéngzuò	(动)	take	L5

程序	chéngxù	（名）	procedure	L13-S
出国	chū//guó	（动）	go abroad	L7
出口	chū//kǒu	（动）	export	L12
出口商	chūkǒushāng	（名）	exporter	L12
出票	chū//piào	（动）	draw a ticket	L5-S
除了……以外	chúle……yǐwài		besides	L4
传播	chuánbō	（动）	spread	L14-S
传统	chuántǒng	（名、形）	tradition; traditional	L2
船	chuán	（名）	ship	L12
船票	chuánpiào	（名）	ship ticket	L5-S
船只	chuánzhī	（名）	ship	L12
吹	chuī	（动）	blow	L3

D

打交道	dǎ jiāodào		contact with	L15
打雷	dǎ//léi	（动）	thunder	L1-S
打扰	dǎrǎo	（动）	disturb	L6
打折	dǎ//zhé	（动）	give a discount	L5
大家	dàjiā	（代）	everybody	L9
大赛	dàsài	（名）	major contest	L14-S
大堂	dàtáng	（名）	lobby	L6
代表	dàibiǎo	（名、动）	representative; represent	L10
代理	dàilǐ	（动）	act as agent	L10
代理权	dàilǐquán	（名）	power of agency	L10-S

代理商	dàilǐshāng	(名)	agent	L10
单程	dānchéng	(名)	one way	L5
单人间	dānrénjiān	(名)	single room	L6
道教文化	dàojiào wénhuà		Taoist culture	L4-S
得	de	(助)	*particle*	L2
登	dēng	(动)	reach	L4
低	dī	(形)	low	L11
地段	dìduàn	(名)	locality	L7
电视台	diànshìtái	(名)	TV station	L9
电子	diànzǐ	(名)	electron	L14-S
订	dìng	(动)	book	L5
订货	dìng//huò	(动)	order goods	L11
订票热线	dìngpiào rèxiàn		hot line for ticket booking	L5-S
定牌包装 (贸易术语)	dìngpái bāozhuāng (màoyì shùyǔ)		package of nominated brand (trade terminology)	L13
丢失	diūshī	(动)	lose	L12
东部	dōngbù	(名)	east	L1
独	dú	(形)	exclusive	L10
独家	dújiā	(名)	only one	L10
独家代理	dújiā dàilǐ		exclusive agent	L10
度	dù	(名)	degree	L1
度假	dùjià	(动)	go on holiday	L3
短	duǎn	(形)	short	L4
段	duàn	(量)	*measure word*	L9
对外	duì wài		external	L8

多云	duōyún	（名）	cloudy	L1-S

F

发布会	fābùhuì	（名）	briefing	L14-S
发车	fā//chē	（动）	set off	L5
发生	fāshēng	（动）	happen	L12
发现	fāxiàn	（动）	find	L4
发言	fā//yán	（动）	speak	L9-S
发展	fāzhǎn	（动）	develop	L4
反复	fǎnfù	（副）	over and over again	L13
返程	fǎnchéng	（名、动）	return journey; return	L5
方法	fāngfǎ	（名）	method	L8
方面	fāngmiàn	（名）	aspect	L8
方式	fāngshì	（名）	manner	L11-S
房卡	fángkǎ	（名）	room card	L6
房子	fángzi	（名）	house	L7
放心	fàng//xīn	（动）	feel relieved	L1
飞机	fēijī	（名）	plane	L5
费用	fèiyòng	（名）	fee	L7
丰富	fēngfù	（形）	rich	L4
风	fēng	（名）	wind	L1
风格	fēnggé	（名）	style	L2
风光	fēngguāng	（名）	scenery	L3
风景区	fēngjǐngqū	（名）	scenic area	L3-S

风土人情	fēngtǔ rénqíng		local customs and conditions	L4-S
佛教	fójiào	（名）	Buddhism	L4
肤色	fūsè	（名）	complexion	L15
服务	fúwù	（动）	serve	L5
服务生	fúwùshēng	（名）	waiter	L6
服务台	fúwùtái	（名）	information desk	L6
付款	fù kuǎn		pay	L11-S
负责	fùzé	（动）	be responsible for	L7

G

改变	gǎibiàn	（动）	change	L11
干杯	gān//bēi	（动）	drink a toast	L10
干燥	gānzào	（形）	dry	L1
感受	gǎnshòu	（名、动）	feeling; feel	L1
感谢	gǎnxiè	（动）	thank	L12
干	gàn	（动）	do	L9
刚才	gāngcái	（名）	a moment ago	L1
高	gāo	（形）	high	L1
高温	gāowēn	（名）	high-temperature	L1
搞	gǎo	（动）	do	L8
告别	gàobié	（动）	bid farewell	L15-S
哥们儿	gēmenr	（名）	buddy	L7
歌	gē	（名）	song	L2
歌词	gēcí	（名）	lyrics	L2-S

歌曲	gēqǔ	(名)	song	L2
歌声	gēshēng	(名)	singing	L2
歌手	gēshǒu	(名)	singer	L2
歌星	gēxīng	(名)	singing star	L2-S
个性	gèxìng	(名)	personality	L2-S
各	gè	(代)	each	L9
各个	gègè	(代)	every	L9
各界	gè jiè		all circles	L14-S
各位	gè wèi		every	L10
更	gèng	(副)	more	L14
工程师	gōngchéngshī	(名)	engineer	L8-S
工业	gōngyè	(名)	industry	L14
工艺品	gōngyìpǐn	(名)	craftwork	L12
工资	gōngzī	(名)	wage	L9-S
共同	gòngtóng	(形、副)	common; commonly	L13
购买	gòumǎi	(动)	buy	L11
古代	gǔdài	(名)	ancient times	L4
古典音乐	gǔdiǎn yīnyuè		classical music	L2-S
古迹	gǔjì	(名)	historical site	L3
故事	gùshi	(名)	story	L2
刮	guā	(动)	blow	L1
关系	guānxi	(名)	relation	L9
关于	guānyú	(介)	about	L11
观光	guānguāng	(动)	go sightseeing	L3-S
官方	guānfāng	(名)	authority	L13-S

馆	guǎn	(名)	accommodation for cultural or sports activities	L6
管理	guǎnlǐ	(动)	manage	L7
规定	guīdìng	(名、动)	stipulation; stipulate	L12
规模	guīmó	(名)	scale	L9
贵宾	guìbīn	(名)	VIP guest	L6
贵重	guìzhòng	(形)	precious	L15
国际	guójì	(名、形)	international	L6
国际惯例	guójì guànlì		international practice	L13-S
国外市场	guówài shìchǎng		overseas market	L10-S

H

哈	hā	(叹)	ha	L4
海滨	hǎibīn	(名)	seashore	L3
海关	hǎiguān	(名)	customs	L13
寒冷	hánlěng	(形)	chilly	L1-S
航班	hángbān	(名)	flight	L5
豪华	háohuá	(形)	luxurious	L6
好处	hǎochu	(名)	benefit	L3
好汉	hǎohàn	(名)	true man	L4
好久	hǎojiǔ	(形)	long time	L14
好玩儿	hǎowánr	(形)	amusing	L4
好学	hào xué		fond of learning	L15
合同	hétong	(名)	contract	L11

合作	hézuò	(动)	cooperate	L9
胡同	hútòng	(名)	Hutong	L4
互相	hùxiāng	(副)	each other	L8
欢送	huānsòng	(动)	bid farewell	L15
黄金地段	huángjīn dìduàn		prime location	L7-S
汇票	huìpiào	(名)	bill of exchange	L11-S
会	huì	(名)	meeting	L9
会谈	huìtán	(名)	talk	L10
会议	huìyì	(名)	meeting	L9
会员卡	huìyuánkǎ	(名)	membership card	L6-S
活动	huódòng	(名、动)	activity; move about	L6
火车	huǒchē	(名)	train	L5
火车票	huǒchēpiào	(名)	train ticket	L5
火车站	huǒchēzhàn	(名)	railway station	L5
伙伴	huǒbàn	(名)	partner	L10
或者	huòzhě	(连)	or	L3
货款	huòkuǎn	(名)	payment for goods	L11-S
货物	huòwù	(名)	goods	L11

J

机构	jīgòu	(名)	institution	L10
机票	jīpiào	(名)	plane ticket	L5
积极	jījí	(形)	active	L12-S
激动	jīdòng	(形)	touched	L15

计划	jìhuà	（名、动）	plan; plan	L3
计算机	jìsuànjī	（名）	computer	L8
记得	jìde	（动）	remember	L2
纪念	jìniàn	（名、动）	commemoration; commemorate	L15
技术	jìshù	（名）	technology	L14
季节	jìjié	（名）	season	L1
继续	jìxù	（动）	continue	L11
加班	jiā//bān	（动）	work overtime	L9
家具	jiājù	（名）	furniture	L7
家用电器	jiāyòng diànqì	（名）	home appliances	L7
假期	jiàqī	（名）	holiday	L3
假日	jiàrì	（名）	holiday	L3-S
坚持	jiānchí	（动）	insist	L11-S
兼职	jiānzhí	（动、名）	hold a concurrent post; part-time job	L8
检验	jiǎnyàn	（动）	inspect	L13
减少	jiǎnshǎo	（动）	reduce	L12
简单	jiǎndān	（形）	simple	L11
简直	jiǎnzhí	（副）	simply	L4
建议	jiànyì	（动、名）	suggest; suggestion	L11
健身	jiànshēn	（动）	keep fit	L6
江南	Jiāngnán	（名）	south of the Yangtze River	L4
将	jiāng	（副）	will	L12
交货	jiāo huò		deliver goods	L11

郊游	jiāoyóu	(动)	go for an outing	L1
教	jiāo	(动)	teach	L2
叫早电话	jiào zǎo diànhuà		morning call	L6-S
轿车	jiàochē	(名)	saloon car	L14
教师	jiàoshī	(名)	teacher	L8
教学	jiàoxué	(名、动)	teaching; teach	L8
接触	jiēchù	(动)	contact	L10-S
接受	jiēshòu	(动)	accept	L11
街	jiē	(名)	street	L5
结果	jiéguǒ	(名)	result	L11
结算	jiésuàn	(动)	balance	L11-S
解决	jiějué	(动)	solve	L11
解释	jiěshì	(动)	explain	L8
届	jiè	(量)	*measure word*	L14-S
紧张	jǐnzhāng	(形)	stressed	L3
进口商	jìnkǒushāng	(名)	importer	L12-S
进行	jìnxíng	(动)	carry out	L15
京剧	jīngjù	(名)	Beijing opera	L2
经过	jīngguò	(动)	go through	L13
经济	jīngjì	(名)	economy	L4
经理	jīnglǐ	(名)	manager	L8
经验	jīngyàn	(名)	experience	L10
精彩	jīngcǎi	(形)	excellent	L2
景点	jǐngdiǎn	(名)	scenic spot	L3-S
景色	jǐngsè	(名)	scenery	L4-S

敬意	jìngyì	（名）	respect	L15-S
纠纷	jiūfēn	（名）	dissension	L13-S
酒店	jiǔdiàn	（名）	pub	L6-S
酒会	jiǔhuì	（名）	party	L14
就业	jiù//yè	（动）	obtain employment	L8-S
句	jù	（量）	*measure word*	L15
拒绝	jùjué	（动）	refuse	L12
决定	juédìng	（动、名）	decide; decision	L9

K

开放	kāifàng	（动、形）	open; open	L6
开会	kāi//huì	（动）	hold a meeting	L9
开朗	kāilǎng	（形）	open and frank	L15
开幕	kāimù	（动）	open	L14
开幕式	kāimùshì	（名）	opening ceremony	L14
开通	kāitōng	（动）	open	L6
可惜	kěxī	（形）	pitiful	L3
客房	kèfáng	（名）	guest room	L6
客满	kè mǎn		be booked up	L6
空	kòng	（形、动）	vacant; empty	L7
口语	kǒuyǔ	（名）	oral language	L8
款待	kuǎndài	（动）	treat cordially	L10-S

L

浪费	làngfèi	（动）	waste	L7
老	lǎo	（形）	old	L4
老板	lǎobǎn	（名）	boss	L9
冷	lěng	（形）	cold	L1
离别	líbié	（动）	leave	L15-S
礼物	lǐwù	（名）	gift	L15
理解	lǐjiě	（动）	understand	L2
理赔	lǐpéi	（动）	settle claims	L12-S
理想	lǐxiǎng	（名、形）	dream; ideal	L8-S
力量	lìliàng	（名）	power	L4
历史	lìshǐ	（名）	history	L2
连	lián	（副、动）	successively; connect	L9
连锁店	liánsuǒdiàn	（名）	chain store	L13
连……也/都……	lián……yě/dōu……		even	L15
良好	liánghǎo	（形）	good	L10-S
聊	liáo	（动）	chat	L15
了不起	liǎobuqǐ	（形）	terrific	L4
了解	liǎojiě	（动）	know	L2
零下	líng xià		below zero	L1
另外	lìngwài	（代、副、连）	other; differently; besides	L6
流利	liúlì	（形）	fluent	L2
流行	liúxíng	（动）	be popular, prevail	L2
路线	lùxiàn	（名）	route	L3

露天	lùtiān	(名、形)	open air; outside	L6
旅行	lǚxíng	(动)	travel	L3
旅行社	lǚxíngshè	(名)	travel agency	L3
旅行团	lǚxíngtuán	(名)	tour group	L3
旅游	lǚyóu	(名)	travel	L3
履行	lǚxíng	(动)	carry out	L13

M

马上	mǎshàng	(副)	immediately	L3
卖	mài	(动)	sell	L5
满足	mǎnzú	(动)	satisfy	L13
贸易	màoyì	(名)	trade	L10-S
美	měi	(形)	beautiful	L2
美好	měihǎo	(形)	nice	L2
美金	měijīn	(名)	US dollar	L7
美丽	měilì	(形)	beautiful	L3
美容室	měiróngshì	(名)	beauty parlor	L6-S
魅力	mèilì	(名)	charm	L2
迷人	mírén	(形)	attractive	L4-S
免费	miǎn//fèi	(动)	be free of charge	L5
面积	miànjī	(名)	size	L7
民间	mínjiān	(名)	nongovernment	L13
名片	míngpiàn	(名)	business card	L8
名胜	míngshèng	(名)	well-known scenic spot	L3

明白	míngbai	（动）	see	L5
明星	míngxīng	（名）	star	L14
模特儿	mótèr	（名）	model	L14-S
目的	mùdì	（名）	purpose, intention	L12
目前	mùqián	（名）	this moment	L10

N

拿	ná	（动）	take	L12
南方	nánfāng	（名）	south	L1
内容	nèiróng	（名）	content	L2-S
年轻	niánqīng	（形）	young	L2
年轻人	niánqīngrén	（名）	youngster	L2
弄	nòng	（动）	make	L9
努力	nǔlì	（形）	hardworking	L15
暖和	nuǎnhuo	（形）	warm	L1-S

P

培训	péixùn	（动）	train	L8
赔偿	péicháng	（动）	compensate for	L12
赔款	péikuǎn	（名、动）	reparation; compensate	L12
佩服	pèifu	（动）	admire	L8
配合	pèihé	（动）	cooperate	L12-S

批	pī	（量）	(*measure word*) batch	L11
票	piào	（名）	ticket	L5
品牌	pǐnpái	（名）	brand	L10

Q

其他	qítā	（代）	other	L6
奇迹	qíjì	（名）	wonder	L4
企业	qǐyè	（名）	enterprise	L8
气候	qìhòu	（名）	climate	L1
气温	qìwēn	（名）	air temperature	L1
汽车	qìchē	（名）	automobile	L14
洽谈	qiàtán	（动）	negotiate	L11
千万	qiānwàn	（副）	be sure to	L1
谦虚	qiānxū	（形）	modest	L8
签／签订	qiān / qiāndìng	（动）	sign	L11
轻闲	qīngxián	（形）	idle	L9
情节	qíngjié	（名）	plot	L2-S
情况	qíngkuàng	（名）	condition	L10
晴	qíng	（形）	sunny	L1
晴朗	qínglǎng	（形）	sunny	L1
晴天	qíngtiān	（名）	sunny day	L1
庆典	qìngdiǎn	（名）	celebration	L9
秋天	qiūtiān	（名）	autumn	L1
取暖费	qǔnuǎnfèi	（名）	heating cost	L7-S

取消	qǔxiāo	（动）	cancel	L9
全部	quánbù	（名、副）	all; wholly	L10
全体	quántǐ	（代）	all members	L9
却	què	（副）	but	L14

R

让	ràng	（动）	let	L7
让步	ràng//bù	（动）	make a concession	L11
热	rè	（形）	hot	L1
人才	réncái	（名）	talented people	L8-S
人事	rénshì	（名）	personnel matters	L9-S
任何	rènhé	（代）	any	L13
任务	rènwù	（名）	task	L9
日光浴	rìguāngyù	（动）	have a sunbath	L3-S
如果	rúguǒ	（连）	if	L2
如何	rúhé	（代）	how	L12
软	ruǎn	（形）	soft	L5
软件	ruǎnjiàn	（名）	software	L8
软卧	ruǎnwò	（名）	soft berth	L5

S

桑拿	sāngná	（名）	sauna	L6-S
伤心	shāng//xīn	（形）	sad	L15

商标	shāngbiāo	（名）	brand	L13
商量	shāngliang	（动）	discuss	L7
商品	shāngpǐn	（名）	commodity	L13
商人	shāngrén	（名）	businessman	L8-S
商谈	shāngtán	（动）	negotiate	L12
商务	shāngwù	（名）	business	L12
商务中心	shāngwù zhōngxīn		business center	L6-S
商业中心	shāngyè zhōngxīn		business center	L7-S
上市	shàng//shì	（动）	go on the market	L9
设计	shèjì	（名、动）	design;design	L8-S
升职	shēng//zhí	（动）	get a promotion	L9-S
声誉	shēngyù	（名）	reputation	L13
失望	shīwàng	（动）	disappoint	L12
十分	shífēn	（副）	very	L12
实用	shíyòng	（形）	practical	L14
使	shǐ	（动）	make	L10
市场	shìchǎng	（名）	market	L8-S
市长	shìzhǎng	（名）	mayor	L14
事故	shìgù	（名）	accident	L12
是否	shìfǒu	（副）	if	L13
世界	shìjiè	（名）	world	L2
收获	shōuhuò	（动）	gain	L15
手忙脚乱	shǒu máng jiǎo luàn		be in a great bustle	L9
手续费	shǒuxùfèi	（名）	service charge	L5-S
首	shǒu	（量）	*measure word*	L2

首发站	shǒufāzhàn	(名)	starting station	L5-S
受	shòu	(动)	endure	L1
受不了	shòu bu liǎo		cannot stand	L1
售后服务	shòuhòu fúwù		after-sale service	L8-S
熟悉	shúxi	(动、形)	familiarize; familiar	L10
双方	shuāngfāng	(名)	both sides	L10
双人间	shuāngrénjiān	(名)	double room	L6
水乡	shuǐxiāng	(名)	region of rivers and lakes	L4
睡觉	shuì//jiào	(动)	sleep	L9
顺便	shùnbiàn	(副)	by the way	L5
死	sǐ	(动、形)	die; extreme	L1
四季	sìjì	(名)	four seasons	L1
寺庙	sìmiào	(名)	temple	L4-S
送	sòng	(动)	deliver	L5
送行酒	sòngxíngjiǔ	(名)	farewell drink	L15-S
苏州园林	Sūzhōu yuánlín		Suzhou gardens	L4-S
虽然	suīrán	(连)	although	L2
随便	suíbiàn	(形)	free	L15
随时	suíshí	(副)	at any time	L11
损失	sǔnshī	(动、名)	lose; loss	L11-S
所	suǒ	(量)	*measure word*	L8
所以	suǒyǐ	(连)	so	L10
所有	suǒyǒu	(形)	all	L13
索赔	suǒpéi	(动)	claim compensation against	L12-S

T

态度	tàidù	(名)	attitude	L12-S
谈	tán	(动)	talk about	L7
谈判	tánpàn	(动)	negotiate	L11
讨论	tǎolùn	(动)	discuss	L9-S
套	tào	(量)	(*measur word*) suite	L7
套间	tàojiān	(名)	suite	L6
特点	tèdiǎn	(名)	characteristic	L1
提高	tígāo	(动)	improve	L8
天气	tiānqì	(名)	weather	L1
甜蜜	tiánmì	(形)	sweet	L2
条件	tiáojiàn	(名)	condition	L11
条款	tiáokuǎn	(名)	provision	L13
调解	tiáojiě	(动)	mediate	L13-S
挺	tǐng	(副)	very	L15
通过	tōngguò	(动、介)	pass; through	L7
通知	tōngzhī	(名、动)	notice; inform	L9
同行	tóngháng	(名)	people of the same trade	L8
同事	tóngshì	(名)	colleague	L15
同一个	tóng yí ge		the same one	L1
同意	tóngyì	(动)	agree	L8
头疼	tóuténg	(形)	headachy	L9
投资	tóuzī	(动)	invest	L14
突然	tūrán	(形)	sudden	L15

推广	tuīguǎng	（动）	popularize	L10-S
推销	tuīxiāo	（动）	promote	L10
退步	tuì//bù	（动）	give in	L11-S
退房	tuì fáng		check out	L6-S
退票	tuì//piào	（动）	return a ticket	L5

V

VIP 卡	VIP kǎ	（名）	VIP card	L6-S

W

外企	wàiqǐ	（名）	foreign enterprise	L7
完美	wánměi	（形）	perfect	L13
完全	wánquán	（副）	completely	L11
万里长城	Wàn Lǐ Chángchéng		Great Wall	L4
万一	wànyī	（连、名）	in case; very small percentage	L13
往返	wǎngfǎn	（动）	go to and fro	L5
旺季	wàngjì	（名）	busy season	L3
违约	wéi//yuē	（动）	break a contract	L13-S
伟大	wěidà	（形）	great	L4
为	wèi	（介）	for	L3
未来	wèilái	（形、名）	future; future	L12-S
文化	wénhuà	（名）	culture	L2

文艺	wényì	(名)	literature and art	L14
卧铺	wòpù	(名)	sleeper	L5
无效	wúxiào	(动)	be invalid	L13-S
午夜	wǔyè	(名)	midnight	L9
物业	wùyè	(名)	property	L7

X

西部	xībù	(名)	west	L1
希望	xīwàng	(动、名)	hope; wish	L10
戏曲	xìqǔ	(名)	traditional opera	L2-S
下周	xià zhōu		next week	L3
夏季	xiàjì	(名)	summertime	L1
现代音乐	xiàndài yīnyuè		modern music	L2-S
相当	xiāngdāng	(副)	rather	L7
相信	xiāngxìn	(动)	believe	L11
享受	xiǎngshòu	(动)	enjoy	L3
项目	xiàngmù	(名)	project	L9
消费	xiāofèi	(动)	consume	L10
消息	xiāoxi	(名)	news	L10
销售	xiāoshòu	(动)	market	L8
小费	xiǎofèi	(名)	tip	L6-S
小区	xiǎoqū	(名)	housing estate	L7
笑	xiào	(动)	smile	L2
效率	xiàolǜ	(名)	efficiency	L10

协会	xiéhuì	(名)	association	L14
协助	xiézhù	(动)	assist	L12-S
心意	xīnyì	(名)	regard	L15-S
辛苦	xīnkǔ	(形)	hard	L11
新闻	xīnwén	(名)	news	L14-S
薪水	xīnshuǐ	(名)	salary	L9-S
信心	xìnxīn	(名)	confidence	L10
信誉	xìnyù	(名)	credit	L13
兴奋	xīngfèn	(形)	excited	L13
行李	xíngli	(名)	baggage	L6
性格	xìnggé	(名)	character	L15
休假	xiū//jià	(动)	take a holiday	L9
修改	xiūgǎi	(动)	modify	L13
修建	xiūjiàn	(动)	build	L4
宣传	xuānchuán	(动)	publicize	L14-S
选择	xuǎnzé	(动)	choose	L3
血汗	xuèhàn	(名)	sweat and toil	L4

Y

压力	yālì	(名)	pressure	L3
押金	yājīn	(名)	deposit	L6
炎热	yánrè	(形)	hot	L1-S
研究	yánjiū	(动)	discuss	L11
研讨会	yántǎohuì	(名)	seminar	L14

演唱	yǎnchàng	(动)	sing	L2
演唱会	yǎnchànghuì	(名)	vocal concert	L2
宴会	yànhuì	(名)	banquet	L10
阳台	yángtái	(名)	balcony	L7-S
要求	yāoqiú	(动、名)	require; requirement	L11
邀请	yāoqǐng	(动)	invite	L14
摇滚	yáogǔn	(名)	rock-and-roll	L2
一流	yīliú	(形)	first-rate	L14
一切	yíqiè	(代)	everything	L3
一样	yíyàng	(形)	same	L2
遗憾	yíhàn	(动)	regret	L12
以内	yǐnèi	(名)	within	L5
一般	yìbān	(形)	general	L10
一起	yìqǐ	(副)	together	L3
艺术	yìshù	(名)	art	L2
意见	yìjiàn	(名)	opinion	L13
因为	yīnwèi	(介、连)	for; because	L3
阴	yīn	(形)	cloudy	L1
音乐会	yīnyuèhuì	(名)	concert	L2-S
引资	yǐnzī	(动)	import outside investments	L14
印象	yìnxiàng	(名)	impression	L4-S
英雄	yīngxióng	(名)	hero	L4
影响	yǐngxiǎng	(动、名)	affect; influence	L11
硬	yìng	(形)	hard	L5
硬件	yìngjiàn	(名)	hardware	L8-S

硬卧	yìngwò	(名)	hard sleeper	L5
硬座	yìngzuò	(名)	hard seat	L5
佣金	yòngjīn	(名)	commission	L10-S
优惠	yōuhuì	(形)	favorable	L5
优势	yōushì	(名)	advantage	L10
优秀	yōuxiù	(形)	excellent	L8-S
幽默	yōumò	(形)	humorous	L13
悠久	yōujiǔ	(形)	time-honored	L4-S
游览	yóulǎn	(动)	visit	L4
游泳池	yóuyǒngchí	(名)	swimming pool	L6
友好	yǒuhǎo	(形)	friendly	L12
有备而来	yǒu bèi ér lái		come here with good preparations	L14
有名	yǒumíng	(形)	famous	L2
娱乐	yúlè	(名)	entertainment	L6
愉快	yúkuài	(动)	be happy	L10
雨	yǔ	(名)	rain	L1
语言	yǔyán	(名)	language	L2
预报	yùbào	(动)	forecast	L1
预订	yùdìng	(动)	book, place an order	L6
遇	yù	(动)	meet	L14
员工	yuángōng	(名)	employee	L15
原谅	yuánliàng	(动)	forgive	L15
愿望	yuànwàng	(名)	wish	L13
愿意	yuànyì	(动)	hope	L10

乐队	yuèduì	（名）	band	L2
运输	yùnshū	（动）	transport	L12

Z

暂时	zànshí	（名）	temporary	L15-S
责任	zérèn	（名）	responsibility	L12
增加	zēngjiā	（动）	increase	L11
展览	zhǎnlǎn	（动）	exhibit	L14-S
展示	zhǎnshì	（动）	exhibit	L14
展位	zhǎnwèi	（名）	display booth	L14
招待	zhāodài	（动）	entertain	L14
招商	zhāoshāng	（动）	invite outside investments	L14
这么	zhème	（代）	so, such	L1
着	zhe	（尾）	*particle*	L3
珍惜	zhēnxī	（动）	treasure	L13
阵雨	zhènyǔ	（名）	shower	L1-S
整理	zhěnglǐ	（动）	clean up	L6
正好	zhènghǎo	（副）	coincidentally	L7
正确	zhèngquè	（形）	right	L8
政府	zhèngfǔ	（名）	government	L14
支持	zhīchí	（动）	support	L12
知名	zhīmíng	（形）	famous	L14
直航	zhíháng	（动）	make a direct flight	L5-S
只要	zhǐyào	（连）	as long as	L5

指南	zhǐnán	（名）	guide	L6
质量	zhìliàng	（名）	quality	L10
智慧	zhìhuì	（名）	wisdom	L4
中国通	zhōngguótōng	（名）	China hand	L4
中介	zhōngjiè	（名）	intermediary	L7
中心	zhōngxīn	（名）	center	L7
终点站	zhōngdiǎnzhàn	（名）	terminal	L5-S
终于	zhōngyú	（副）	eventually	L4
仲裁	zhòngcái	（动）	arbitrate	L13-S
重视	zhòngshì	（动）	attach importance to	L9
重要	zhòngyào	（形）	important	L8
周末	zhōumò	（名）	weekend	L7
主办	zhǔbàn	（动）	host	L14
主办方	zhǔbànfāng	（名）	sponsor	L14
主题	zhǔtí	（名）	theme	L14
主要	zhǔyào	（形）	main	L10
主意	zhǔyi	（名）	idea	L3
祝	zhù	（动）	wish	L10
祝贺	zhùhè	（动）	celebrate	L11
专业	zhuānyè	（名、形）	major; professional	L8
专营	zhuānyíng	（动）	monopolize	L10-S
砖	zhuān	（名）	brick	L4
装修	zhuāngxiū	（动）	fit up	L7-S
壮观	zhuàngguān	（形）	spectacular	L4
资料	zīliào	（名）	information	L10

资信调查	zīxìn diàochá		investigation credit	L13-S
（贸易术语）	(màoyì shùyǔ)		(trade terminology)	
自然	zìrán	（形、名）	natural; nature	L8
自由	zìyóu	（名、形）	freedom; free	L3
租	zū	（动）	rent	L7
租金	zūjīn	（名）	rental	L7
租期	zūqī	（名）	tenancy	L7-S
组织	zǔzhī	（动、名）	organize; organization	L14-S
祖国	zǔguó	（名）	homeland	L15
醉	zuì	（动）	be drunk	L15
作曲	zuò qǔ		compose	L2-S

专有名词

Proper Nouns

CIF 价格	CIF jiàgé	cost, insurance and freight price	L11
德国大众汽车公司	Déguó Dàzhòng Qìchē Gōngsī	German Volkswagen Corporation	L14
邓丽君	Dèng Lìjūn	Deng Lijun	L2
FOB 价格	FOB jiàgé	free on board price	L11-S
故宫	Gùgōng	Imperial Palace	L4
广州	Guǎngzhōu	Guangzhou	L1
桂林	Guìlín	Guilin	L4-S
哈尔滨	Hā'ěrbīn	Harbin	L1
海南岛	Hǎinándǎo	Hainan Island	L3-S
黄河	Huáng Hé	Yellow River	L4
联想集团	Liánxiǎng Jítuán	Lenove Group	L8
美国通用汽车公司	Měiguó Tōngyòng Qìchē Gōngsī	General Motors Corporation	L14
摩托罗拉公司	Mótuōluólā Gōngsī	Motorola Inc.	L5
南京	Nánjīng	Nanjing	L5
内蒙古	Nèiměnggǔ	Inner Mongolia (Autonomous Region)	L4-S
青海	Qīnghǎi	Qinghai Province	L4
少林寺	Shàolín Sì	Shaolin Temple	L4-S

深圳	Shēnzhèn	Shenzhen	L4
泰山	Tài Shān	Mount Tai	L4-S
《甜蜜蜜》	《Tiánmìmì》	"Sweet"	L2
微软公司	Wēiruǎn Gōngsī	Microsoft Corporation	L9
西安	Xī'ān	Xi'an	L4
西湖	Xī Hú	West Lake	L4
西藏	Xīzàng	Tibet Autonomous Region	L4
颐和园	Yíhé Yuán	Summer Palace	L4
《月亮代表我的心》	《Yuèliang Dàibiǎo Wǒ de Xīn》	"The Moon Represents My Heart"	L2
中国中央电视台	Zhōngguó Zhōngyāng Diànshìtái	CCTV	L9

Appendix

Chéngyǔ Sì Zé

成语四则

Four Idioms

Bá Miáo Zhù Zhǎng

拔苗助长

Sòngguó yǒu yí ge zhòng tián rén, zǒng shì xián zìjǐ
宋国有一个种田人，总是嫌自己
zhòng de hémiáo zhǎng de màn, juédìng bāng hémiáo kuài diǎnr
种的禾苗长得慢，决定帮禾苗快点儿
zhǎnggāo. Yúshì, tā bǎ hémiáo yì kē kē wǎng shàng bá,
长高。于是，他把禾苗一棵棵往上拔，
báwán hòu huídào jiā píjuàn de duì érzi shuō: "Wǒ jīn-
拔完后回到家疲倦地对儿子说："我今
tiān bāngzhù hémiáo zhǎnggāole hěn duō." Tā érzi pǎo dào
天帮助禾苗长高了很多。"他儿子跑到
tián li yí kàn, hémiáo bèi tàiyáng yí shàng, yǐjīng quánbù
田里一看，禾苗被太阳一晒，已经全部
kūwěile.
枯萎了。

"Bá miáo zhù zhǎng" yònglái bǐyù wéifǎn shìwù
"拔苗助长"用来比喻违反事物
fāzhǎn guīlǜ, jíyú qiú chéng, fǎn'ér huì bǎ shìqing nòngzāo.
发展规律，急于求成，反而会把事情弄糟。

To try to help the shoots grow by pulling them up

(to spoil things by excessive enthusiasm)

Once there was a farmer in the State of Song. He was always complaining about his seedlings of cereal crops growing too slowly. In order to help his grain seedlings grow fast, he went to his field and pulled them up one by one. Then he went back to home and said to his son, "I helped the grain seedlings grow today." His son went to the fields and found that the seedlings of the cereal crops were all withered because of strong sunrays.

"拔苗助长" means that one is seeking for quick success at the price of going against the natural law. What he got is "to spoil things by excessive enthusiasm".

Dǎ Cǎo Jīng Shé
打 草 惊 蛇

Tángcháo xiànlìng Wáng Lǔ tānzāng wǎngfǎ, sōuguā mín
唐朝县令王鲁贪赃枉法，搜刮民
cái, yúshì shǒuxiàrén yě fēnfēn xiàofǎng. Yǒu rén xiěle
财，于是手下人也纷纷效仿。有人写了
yí ge zhuàngzi, zhuànggào tā de mìshū yíngsī wǔbì. Ta
一个状子，状告他的秘书营私舞弊。他
kànwán ànjuàn, zài zhuàngzi shàng xiěle bā ge zì "rǔ suī
看完案卷，在状子上写了八个字"汝虽
dǎ cǎo, wú yǐ shé jīng". Yìsi shì shuō: Nǐ suīrán zhuàng-
打草，吾已蛇惊"。意思是说：你虽然状

gào de shì wǒ de mìshū, dàn yě gěi wǒ tíle ge xǐng.
告的是我的秘书，但也给我提了个醒。

"Dǎ cǎo jīng shé" xiàncháng yònglái bǐyù zuò shì bù jīmì, tíqián jīngdòngle duìfāng.
"打草惊蛇"现常用来比喻做事不机密，提前惊动了对方。

To beat the grass and unintentionally frighten away the snake hidden there (to act rashly and alert the enemy)

Wang Lu, a county magistrate in the Tang Dynasty, not only took bribes and perverted the law, but also extorted people's property and wealth. As a result of this, his subordinates tried to follow him one after another. Someone wrote an indictment which exposed his secretary's crimes of jobbery. Wang Lu saw the written complaint and then he wrote eight words on it. The meaning of the eight words was that although you accuse my secretary of jobbery, you really sue me too.

"打草惊蛇" means that one acts rashly to alert the enemy instead. It also means that one is to alert the opposite party through carelessness.

Duì Niú Tán Qín
对牛弹琴

Chuánshuō gǔdài yǒu yí wèi yīnyuèjiā, shífēn xǐhuan tán qín. Yì tiān tā dàizhe qín zài jiāowài sànbù, kàn-
传说古代有一位音乐家，十分喜欢弹琴。一天他带着琴在郊外散步，看

jiàn yì tóu niú zài dītóu chī cǎo, zhōuwéi fēngjǐng yí
见一头牛在低头吃草，周围风景宜

rén, yúshì tā yìshí xìng qǐ, biàn zuò xialai wèi niú
人，于是他一时兴起，便坐下来为牛

tánzòule yì qǔ. Qǔshēng suīrán yōuyǎ dòngtīng, rán-
弹奏了一曲。曲声虽然优雅动听，然

ér niú què zhǐ gù dītóu chī cǎo, gēnběn bù lǐhuì.
而牛却只顾低头吃草，根本不理会。

Yīnyuèjiā hěn shīwàng, zhǐhǎo yáoyao tóu zǒule.
音乐家很失望，只好摇摇头走了。

"Duì niú tán qín" bǐyù duì wàihángrén jiǎng nèiháng
“对牛弹琴”比喻对外行人讲内行

huà, duì bù dǒng dàoli de rén jiǎng dàolǐ. Duō yònglái
话，对不懂道理的人讲道理。多用来

zhǐ shuōhuà bú kàn duìxiàng.
指说话不看对象。

To play the lute for a cow

(to whistle jigs to a milestone, or cast pearls before swine)

A legend goes that there was a musician, who was fond of playing the xylophone very much. One day he went for a walk in the countryside. He saw a cow grazing, and the scenery around was very beautiful. On the spur of his excitement, he played a piece of music for the cow. Although the music sounded very pleasant, the cow was by no means touched by the moving music. The musician was very disappointed, and left, shaking his head.

“对牛弹琴” means that the insiders try to explain truths to a person who doesn't know the truth. Now it is also used as a gibe at someone who addresses the wrong audience.

Huà Lóng Diǎn Jīng
画龙点睛

Yǒu ge sìmiào qǐng yí wèi huàjiā zài miào zhōng
有个寺庙请一位画家在庙中
de qiángbì shang zuò huà, zhè wèi huàjiā huàle sì tiáo
的墙壁上作画，这位画家画了四条
lóng, què méi bǎ lóng de yǎnjing huà chulai. Miào lǐ
龙，却没把龙的眼睛画出来。庙里
de rén wèn tā wèi shénme, tā shuō: "Yídàn huàshang
的人问他为什么，他说："一旦画上
yǎnjīng, lóng jiù huì fēizǒu." Biéren bú xìn, jiānchí
眼睛，龙就会飞走。"别人不信，坚持
ràng tā huàshang. Yúshì tā gěi qízhōng de liǎng tiáo lóng huà
让他画上。于是他给其中的两条龙画
shang yǎnjing, dùnshí, wūyún mì bù、léi shēng dà zuò,
上眼睛，顿时，乌云密布、雷声大作，
liǎng tiáo lóng fēixiàng tiānkōng, ér méi huà yǎnjīng de liǎng
两条龙飞向天空，而没画眼睛的两
tiáo lóng réngrán liúzài qiángbì shang.
条龙仍然留在墙壁上。

"Huà lóng diǎn jīng" yònglái bǐyù shuōhuà huò xiě
"画龙点睛"用来比喻说话或写
wénzhāng shí, zài guānjiàn de dìfang qiàdàng de jiāshàng
文章时，在关键的地方恰当地加上
yì liǎng ge zì jù, jiù huì shǐ nèiróng gèng shēngdòng
一两个字句，就会使内容更生动
jīngcǎi, chuánshén yǒulì.
精彩，传神有力。

To bring the painted dragon to life by putting in the pupils of its eyes

There was a painter, who drew four dragons on the walls of a temple but didn't draw the pupils of their eyes. When he was asked why the dragons had no pupils, he answered that once their pupils were painted, the dragons would fly away. Others didn't believe what he had said and asked him repeatedly to add pupils to the dragons. Reluctantly he drew the pupils to two dragons. Soon the two dragons flew into the sky amid thunder and lightning.

"画龙点睛" refers to using excellent phrase and idioms in the key parts of one's speeches or writings to make them brilliant and forceful.